BIBLIOTHÈQUE D'HISTOIRE CONTEMPORAINE

H. Busson, J. Fèvre, H. Hauser

Notre Empire colonial

AVEC 108 GRAVURES ET CARTES DANS LE TEXTE

Paris, FÉLIX ALCAN, éditeur

NOTRE EMPIRE
COLONIAL

A LA MÊME LIBRAIRIE

RÉGIONS ET PAYS DE FRANCE

PAR

JOSEPH FÈVRE
Professeur
à l'École Normale de Dijon.

HENRI HAUSER
Professeur
à l'Université de Dijon.

1 vol. in-8° avec 147 figures et cartes dans le texte. . . . 7 fr.

NOTRE EMPIRE
COLONIAL

PAR

HENRI BUSSON
Professeur au Lycée Carnot.

JOSEPH FEVRE | **HENRI HAUSER**
Professeur à l'École Normale de Dijon. | Professeur à l'Université de Dijon.

Avec 108 gravures et cartes dans le texte.

PARIS
FÉLIX ALCAN, ÉDITEUR
LIBRAIRIES FÉLIX ALCAN ET GUILLAUMIN RÉUNIES
108, BOULEVARD SAINT-GERMAIN, 108
—
1910
Tous droits de traduction et de reproduction réservés.

AVANT-PROPOS

On a écrit sur nos colonies beaucoup de gros volumes. Ce petit livre se présente comme une simple introduction à l'étude approfondie des questions coloniales ; il offre en raccourci, d'après les ouvrages les plus récents et les plus qualifiés, l'inventaire scientifique et le bilan économique de nos possessions d'outre-mer.

A l'heure actuelle, la variété de notre domaine colonial rend particulièrement nécessaire la connaissance exacte des principaux caractères géographiques de chacune de ses parties. Un Français cultivé n'a plus le droit d'ignorer en quoi l'Indochine, Madagascar ou l'Algérie diffèrent de notre Gascogne ou de notre Lorraine.

Un Français cultivé n'a pas le droit non plus de croire que tous les hommes se ressemblent, et peuvent se gouverner par les mêmes lois ; il n'a pas le droit de croire qu'il existe, en dehors de la civilisation blanche occidentale, un ramassis de peuples radicalement et également inférieurs, que l'on ne peut gouverner que par la force ; il doit savoir que la France a charge d'âmes très diverses, d'âmes blanches, noires et jaunes, d'âmes païennes, musulmanes et bouddhistes, toutes au même titre respectables, mais qui ne doivent pas être traitées par les mêmes méthodes.

Les problèmes de toute nature qui se posent aujourd'hui devant les peuples colonisateurs sont extrêmement complexes. A l'élargissement de notre domaine doit correspondre un élargissement de nos connaissances et de notre intelligence.

NOTRE EMPIRE COLONIAL

CHAPITRE PREMIER

LA COLONISATION FRANÇAISE

L'histoire de la colonisation française. — Nos trois Empires. — Notre vocation coloniale. — L'apathie de la nation et des gouvernements. — La force des choses. — Pourquoi nous avons des colonies. — Terres de peuplement. — Les produits coloniaux. — Le marché colonial. — Variété de notre Empire colonial.

L'HISTOIRE DE LA COLONISATION FRANÇAISE. C'est, en vérité, une bien curieuse histoire que celle de la colonisation française — histoire faite de perpétuels recommencements.

Elle s'ouvre en 1534 par le premier voyage de Cartier au Canada [1]. Au nord des pays de l'or, que se sont partagés les Espagnols et les Portugais, les sujets de Sa Majesté très chrétienne prennent pied sur la terre d'Amérique, au bord de ce grand fleuve où l'on voit d'abord un bras de mer, la route des Indes par le Nord-Ouest, le « chemin des Moluques ». Une Nouvelle-France s'y crée, et d'autres « Nouvelles-Frances » s'installent ou s'ébauchent ailleurs, en Floride, au Brésil, aux Antilles, à Madagascar. En même temps, la France veut avoir sa part des richesses de l'Inde, se soustraire au monopole de Lisbonne et de

---

1. Voy. en particulier H. Biggar, *Early trading companies of New France*, et aussi Abel Lefranc, *Les Navigations de Pantagruel*.

Séville; avec le voyage de Jean Parmentier, en 1529[1], a commencé une ère qui s'achève avec Dupleix.

NOS TROIS EMPIRES. — Vers 1740, la France possède vraiment un Empire. Postée aux bouches du Saint-Laurent et aux bouches du Mississipi, elle tend entre les deux grands fleuves le réseau de ses explorations. A raisonner d'après les apparences, on peut croire, à cette date, que la Nouvelle-Angleterre, serrée entre les Alleghanies et la mer, coupée des Prairies de l'Ouest par les lignes françaises, est condamnée à périr d'asphyxie ; c'est tout le Nord du Nouveau-Monde qui semble destiné, par la géographie et par l'histoire, à devenir une Nouvelle-France. En Inde un aventurier, mais un aventurier de génie, invente et manie la féconde méthode du protectorat[2], et une chaîne d'escales relie ces lointains territoires d'exploitation à nos ports de l'Océan[3].

Vingt ans suffisent pour faire crouler l'édifice. Parce qu'elle n'a pas su se réserver la maîtrise de la mer, parce que, trop absorbée par les questions européennes, elle n'a suivi que d'un œil distrait, et passablement dédaigneux, les gestes de ses chasseurs de fourrures et de ses marchands de mousselines, la France est forcée de livrer à l'Angleterre, en 1763, le gouvernement de la planète.

Il semble que tout soit fini, et qu'après une expérience deux fois séculaire la France donne sa démission de puissance coloniale. Il n'en est rien. Le même ministre qui abandonnait si allégrement le Canada essaie, d'une façon d'ailleurs assez malencontreuse, de peupler la Guyane.

1. Pierre Crignon, *Le discours de la navigation de Jean et Raoul Parmentier de Dieppe* (éd. Schefer).
2. Voy. le célèbre « essai » de Macaulay sur Clive, essai dont les conclusions nous paraissent justes, même après le *Dupleix* de M. Cultru.
3. P. Kæppelin, *Les Escales françaises sur la route de l'Inde*.

Le règne de Louis XVI est une époque de renouveau pour nos établissements d'outre-mer, et la France est en train, lorsque la Révolution éclate, de se refaire un second Empire colonial.

Les troubles intérieurs, les fautes commises, la néfaste politique de Bonaparte aux Antilles, le blocus de nos côtes, Trafalgar enfin, renouvellent en l'aggravant le verdict de 1763. La France, en 1815, n'a plus de colonies ; elle n'a plus que des comptoirs.

Il n'importe. Avec la Restauration reprend le mouvement d'expansion. A ce maigre domaine colonial, épars aux quatre coins du monde, on essaie de faire rendre tout ce qu'il est capable de donner [1]. Enfin, par une bizarrerie du sort, un événement qui semble d'abord n'avoir aucun rapport avec l'histoire coloniale va rendre à nos entreprises d'outre-mer un essor inattendu. La question d'Alger est pour le prince de Polignac une question de police méditerranéenne et d'équilibre méditerranéen : défendre la chrétienté, résister à la tyrannie anglaise, c'est tout ce qu'il désire — et non pas recommencer l'expérience avortée du Canada [2]. Mais les choses sont plus fortes que les hommes. Le coup de canon du 4 juillet 1830 n'a pas été seulement le signal de l'établissement des Français dans cette Afrique du Nord où Prévost-Paradol allait voir de bonne heure une « France Nouvelle ». Il est le début de toute une histoire : la constitution d'un troisième Empire français, lequel est, à l'heure présente, l'un des plus grands de la terre.

NOTRE VOCATION COLONIALE.
De telles vicissitudes sont bien faites pour frapper les yeux les moins avertis, et les plus prévenus. Que par deux fois la France ait

[1]. Chr. Schefer, *La France moderne et le problème colonial*. (F. Alcan.)
[2]. J. Darcy, *Cent ans de rivalité coloniale*, t. Ier.

semblé renoncer à être une nation coloniale, et qu'à trois reprises l'œuvre se soit faite tout de même, il y a là quelque chose de considérable. On a beau vouloir chasser de son cerveau les idoles désuètes de la philosophie de l'histoire, se défendre contre tout fatalisme, ne voir que des mots vides dans ce qu'on appelle la « mission » ou la « vocation » des peuples, ou encore la « force des choses », le phénomène n'en subsiste pas moins, dans sa grandeur. Quant à expliquer ce phénomène par de petites causes, l'explication apparaît vite insuffisante. Que telle expédition ait été décidée pour servir les intérêts d'un groupe de financiers, c'est possible ; telle autre engagée par des militaires avides de gloire, de décorations ou de grades, possible encore ; que Polignac, et plus d'un ministre après lui, ait cherché dans quelque aventure lointaine une diversion à ses embarras parlementaires, cela peut avoir été, cela s'est vu ; que de grands politiques aient poussé la France dans des entreprises de longue haleine pour l'immobiliser, pour l'écarter de l'échiquier européen, du moins pour diminuer sur cet échiquier la valeur de la pièce française, la liberté d'action et la rapidité de coup d'œil du joueur français, cela non plus n'est pas pure hypothèse. Mais ces explications — nez de Cléopâtre ou d'Anne Boleyn, grain de sable de Cromwell — n'expliqueraient pas la continuité, la permanence du fait.

L'APATHIE DE LA NATION ET DES GOUVERNEMENTS. — Permanence d'autant plus curieuse que l'on ne peut pas dire qu'à aucun moment de son histoire, la France ait « voulu », consciemment voulu, des colonies. Sous Louis XIV, l'histoire de la souscription aux actions de la Compagnie des Indes est, à cet égard, assez éloquente. On sait que le « peuplement » de l'Amérique se fit en partie avec des vagabonds, mis à la chaîne comme des galériens, avec des « Manon Lescaut », ramassées par la police dans les bouges. Sans métaphore, bien des colons allèrent aux colonies comme chiens qu'on fouette. Pendant la grande crise de la guerre de Sept Ans, tandis que les rues de Londres retentissaient du cri des pamphlets où l'on accusait les ministres de Sa Majesté Britannique de trahir l'Angleterre, de ne pas défendre l'Amérique et les Indes, en France presque tout le monde était d'accord avec Choiseul pour croire qu'une chose était plus précieuse que tous les Canadas : la paix.

Car il ne faudrait pas s'imaginer qu'à cette apathie de la nation se soit toujours opposée la volonté des gouvernements; si quelques ministres, — un Richelieu, un Colbert, un Ferry — ont eu plus que des velléités coloniales, s'ils ont vraiment rêvé de fonder des « empires », ils sont l'exception. Il fallut que Jacques Cartier vint offrir à François Ier le Canada pour que celui-ci voulût bien accepter d'être le souverain de ce pays de Peaux-Rouges. A trois cents ans de là, lorsque les ministres de Charles X, le 20 juillet, se décidèrent enfin à garder Alger, ce fut faute de savoir qu'en faire. Le 18 juin 1833, on demandait encore aux ministres de Louis-Philippe : « Voulez-vous abandonner ou céder Alger ? » A la fin de l'année, en déclarant que « la régence d'Alger devait être définitivement occupée par la France », les membres de la Commission d'Afrique se décidaient « avec résignation plutôt qu'avec enthousiasme » à conserver ce « legs onéreux de la Restauration à la Monarchie de juillet »[1]. Cette attitude prise par le pouvoir et par les représentants du « pays légal » est d'autant plus significative que cette fois — une

1. G. Yver, *La Commission d'Afrique* (7 juillet-17 décembre 1833), Alger, 1905.

fois n'est pas coutume — il s'agissait d'une entreprise coloniale qui était plutôt populaire.

La question qui se débattit en 1833 au sujet de l'Algérie, — conserver ou évacuer — ne l'avons-nous pas entendue poser depuis, dans nos Chambres, à propos de la Tunisie, du Tonkin ? Telles de nos colonies n'ont été sauvées qu'à quelques voix de majorité. Quelques absents de plus, et elles étaient rayées de l'histoire.

LA FORCE DES CHOSES. Elles vivent cependant. Sur un territoire qui égale vingt fois celui de la France, elles groupent des populations dont le total dépasse celui de la France. C'est donc que, malgré tout, des forces obscures ont agi, plus fortes que les hommes, pour les faire naître et les faire vivre. Tâchons de voir quelles sont ces forces.

Nous disons les forces, et non pas les circonstances. Il y a une circonstance qui nous a obligés, à une certaine date, à renoncer à l'occupation limitée du Sahel et du Tell pour déborder sur les Hauts-Plateaux, et cette circonstance s'est appelée Abd-el-Kader. Il y en a d'autres, — un guet-apens, une surprise de nos troupes, un assassinat — qui nous ont brusquement mis en demeure de prendre des décisions viriles. Qui sait si nous n'aurions pas « lâché » le Maroc sans le meurtre du D' Mauchamp et les massacres de Casablanca ? Par un singulier enchaînement, notre nonchalance, notre irrésolution ont amené des catastrophes, et ces catastrophes mêmes, ensuite, nous ont créé des droits et des devoirs.

Mais si les Français — à travers bien des hésitations, bien des faiblesses — ont finalement fait leur devoir, s'ils ont, somme toute, répondu à l'appel de la destinée, c'est que, sans avoir nettement « voulu » leur politique coloniale, ils ont eu tout de même le vague sentiment qu'ils servaient ainsi leurs intérêts, qu'ils obéissaient à des nécessités impérieuses.

POURQUOI NOUS AVONS DES COLONIES. Le plus grand fait de l'histoire moderne, c'est sans doute ce subit élargissement du monde qui se produisit à la fin du xv° siècle. Les civilisations dont nous sommes les héritiers, jusque-là timidement ramassées autour du bassin de la Méditerranée, n'avaient poussé que quelques pointes vers les mers du Nord et de l'Ouest, et ne connaissaient que par ouï-dire les pays de l'Extrême-Orient; brusquement elles débordèrent sur la planète.

Dans cette expansion, le principal rôle devait nécessairement revenir aux peuples de l'Europe occidentale : pour eux l'Océan, hier abîme, devenait chemin; ces peuples cessaient d'être perdus au bord du monde habité pour se muer en riverains de cet Atlantique au delà duquel surgissaient d'autres rivages, d'autres hommes. La France, avec sa pointe bretonne qui perce les brumes océaniques, avec ses estuaires qui s'évasent vers l'Ouest, la France ne pouvait résister à cette attraction des terres neuves. Et si, dans l'ensemble, la prudence casanière et bourgeoise de la nation répugnait aux aventures, Dieppois et Malouins, Saintongeois et Basques s'en allaient hardiment vers les pays de la morue, du castor et du sucre. Voilà, tout d'abord, pourquoi nous eûmes des colonies; en attendant que la renaissance de la Méditerranée et l'ouverture de l'isthme de Suez vinssent rendre à « l'isthme gaulois » la plénitude de sa valeur. La géographie n'a pas permis à la France de vivre repliée sur soi, enfermée dans son Europe. Bon gré mal gré, il faut qu'elle cède à la sollicitation des lointains infinis, aux voix de la mer.

TERRES DE PEUPLEMENT. Mais si sa vocation pour le commerce d'outremer est indéniable, s'ensuit-il qu'elle doive posséder des terres extra-européennes? Parmi les raisons qu'elle avait autrefois de posséder un « empire », parmi les raisons qu'en ont d'autres nations, il en est qu'elle a perdues : si les colonies doivent servir à recevoir le trop-plein de la population des métropoles, il est clair que la France n'est pas trop pleine. Qu'elle laisse, dira-t-on, les tâches coloniales aux peuples qui font trop d'enfants.

Objection plus spécieuse que réelle. Outre qu'il serait imprudent de prendre comme principe directeur de notre politique « mondiale » un phénomène dont seuls des prophètes pourraient évaluer les chances de durée, il n'est pas exact qu'il y ait un rapport nécessaire entre le taux d'accroissement d'une population et sa capacité émigrante. Le peuple allemand ne croît pas moins depuis qu'il n'émigre plus.

En fait les Français émigrent-ils? Fort peu, diront les statistiques officielles, parce que ces statistiques ne connaissent que les émigrants déclarés comme tels, les miséreux que l'on voit grelotter le matin, dans les rues des ports, attendant l'heure où ils vont s'entasser, à l'avant des grands paquebots, dans ces puits sombres qui leur servent de dortoirs. Ceux-là, au Havre ou à Marseille, sont des Italiens, des Russes, des Syriens. Le Français qui émigre possède déjà un petit pécule ; alléché par les promesses et les réclames, il s'en va trouver au loin la fortune qui lui échappe ici ; c'est un malchanceux, ce n'est pas un misérable. Il ne figure sur aucune liste d'émigrants. Aussi la statistique n'accuse-t-elle pas plus de 5.000 émigrants annuels. Or certaines années ont vu partir dans les 30.000 Français (le chiffre de l'émigration allemande dans les dernières années) et la moyenne « réelle » peut être évaluée à 15.000. On dit même, en un certain sens, que le Français « émigre trop ». Dans nos Alpes et dans nos Pyrénées, lorsque le funeste déboisement a fait son œuvre, la terre glisse sur les pentes de la montagne, et avec elle descend le montagnard. Beaucoup, parmi ces déracinés, s'en vont vers la plaine, vers les villes. Beaucoup aussi, par villages entiers, partent pour les pays lointains [1].

Est-il indifférent que ces Français aillent chaque année se noyer parmi les centaines de milliers de Français qui sont dispersés aux États-Unis, au Canada, à la Plata ? Nous ne nions pas l'intérêt que présentent ces « colonies sans drapeau ». Là où elles restent fortement groupées, où elles peuvent conserver leur langue et leurs mœurs, elles constituent autant de petites « Frances extérieures », qui aident au rayonnement de notre influence et de notre commerce. Mais puisque nous ne sommes pas trop riches d'hommes, ne devons-nous pas en réserver le plus possible pour les territoires de peuplement soumis à nos lois, surtout quand ces territoires sont à nos portes ?

Au reste, l'histoire a déjà prononcé. L'acclimatation de la race française dans l'Afrique du Nord n'est plus un problème. Et si, parmi les 800.000 Européens qu'abrite notre drapeau de l'autre côté de la Méditerranée, il y a beaucoup de non-Français, c'est à nous de nous attacher ces éléments hétérogènes, et de faire que le futur peuple nord-africain soit un peuple « français ». La vieille Angleterre s'inquiète-t-elle d'avoir, au nombre de ses dépendances, un peuple « canadien » et un peuple « sud-africain » ? Ne considère-t-elle pas que l'existence de ces peuples est pour le Royaume-Uni une force et une richesse ?

---

1. Voy. L.-A. Fabre, *La fuite des populations pastorales françaises*.

LES PRODUITS COLONIAUX — Pour les premiers peuples colonisateurs, les colonies étaient avant tout les pays d'où l'on tirait les épices et les métaux précieux, les pays à qui l'on vendait les produits manufacturés de la métropole. Les choses ne se présentent plus, pour la France moderne, avec cette simplicité schématique. Il n'en reste pas moins que, pour notre alimentation comme pour notre industrie, nous réclamons des quantités croissantes de produits exotiques, produits que notre sol se refuse à porter : café, thé, cacao, coton, caoutchouc, etc. Nous avons consommé, en 1907, plus de 100.000 t. de café, valant plus de 100 millions de francs; nous avons acheté pour 4 millions de thé, pour 40 millions de riz, 43 millions de cacao. Nos usines réclament des quantités croissantes de coton, quantités qui s'approchent du demi-milliard de francs. Quoique nous soyons producteurs de soie, nous sommes obligés d'en importer pour un chiffre égal à celui de notre importation de coton. Le caoutchouc représente une dépense annuelle de 110 millions.

Mais, dira-t-on, ne pouvons-nous donc nous procurer ces produits exotiques sans entretenir à grands frais des colonies ? Quel sot chauvinisme nous ferait préférer le coton, le caoutchouc, le café, le thé « français » au coton américain, au caoutchouc et au café brésilien, au thé chinois ou anglais? N'avons-nous même pas avantage à n'être que le marché des denrées exotiques, le marché où les divers producteurs viendront offrir ces denrées au plus bas prix ?

Poser cette question, c'est ne pas tenir compte de l'évolution des pays que nous nous obstinons à nommer des pays « neufs ». Ces pays ont été, tout d'abord, des exportateurs de denrées et de matières premières, des acheteurs de produits manufacturés. Mais voici que peu à peu, les uns après les autres, ils s'éveillent à la vie industrielle. Comme les États européens entre la fin du xv⁰ et le milieu du xviii⁰ siècle, ils entrent dans la phase mercantiliste ; chacun d'eux veut se constituer en un tout économique complet, plus ou moins fermé à l'étranger, et fermé de deux façons, fermé à l'entrée des produits manufacturés, fermé à la sortie des matières premières. La création d'usines cotonnières à proximité des champs de coton du Texas ne nous permet plus de compter sur des arrivages indéfiniment croissants de fibres américaines. En fait, les États-Unis sont maîtres des prix ; ils exercent une sorte de monopole de la production, et ce monopole leur permet d'organiser en Europe, quand ils le veulent, « la famine du coton ». Ils l'ont déjà essayé une fois, au grand détriment de nos industriels et de nos ouvriers. La « valorisation » du café brésilien est dans son principe, sinon dans ses effets, une opération analogue.

Contre ces risques de guerre de tarifs, il faut que nous soyons armés. C'est donc tout autre chose qu'une satisfaction d'amour-propre que nous allons chercher sur les bords du Niger ou en Indochine. Nos possessions tropicales sont l'un des gages de notre indépendance économique. Les dépenses que nous consentons pour les défendre et les aménager, c'est une prime d'assurance que nous payons contre la ruine de nos industries.

LE MARCHÉ COLONIAL. Les colonies ne sont pas pour nous seulement des fournisseurs, elles sont des clients. Les vieux clichés qui nous représentaient les colonies comme peuplées uniquement de fonctionnaires ne sont plus de saison, et les théories arriérées ne sauraient tenir contre l'éloquence des chiffres. C'est un fait trop peu connu du grand public, même du public instruit, que la France vend à ses colonies, bon an mal an, pour 700 millions, c'est-à-dire plus qu'à l'Allemagne, autant qu'à la Belgique ; seule l'Angleterre est pour nous un plus gros client que notre empire colonial. Or quel est l'esprit sensé qui pourrait prétendre que, si nous n'avions pas établi notre domination sur l'Algérie en 1830, ce pays — demeuré barbare ou, plus vraisemblablement, tombé sous la domination d'une autre puissance européenne — nous achèterait pour près de 400 millions par an ? Qui osera prétendre que, si demain nous abandonnions nos colonies, nous conserverions encore ce merveilleux débouché dont la capacité d'absorption atteindra bientôt le milliard ?

VARIÉTÉ DE NOTRE EMPIRE COLONIAL. — Tel qu'il se trouve actuellement constitué (fig. 1), notre domaine colonial peut suffire largement à tous les besoins de notre activité économique. Les événements ont voulu qu'il fût composé de pièces à la fois très éloignées les unes des autres et très hétéroclites : « Colonies de peuplement », « colonies d'exploitation », « colonies de pénétration », il comprend toutes les variétés de colonies.

Nos colonies de peuplement se limitent à l'Algérie-Tunisie, aux plateaux élevés de Madagascar, à la Nouvelle-Calédonie.

Nos colonies d'exploitation, fermes lointaines où le caractère trop humide et trop chaud du climat ne permet pas à l'Européen de s'établir d'une manière permanente, sont réparties dans la zone équatoriale et tropicale : ce sont l'Afrique Occidentale, l'Afrique Équatoriale et l'Indochine.

Nos colonies de pénétration, permettant l'accès vers des pays riches et peuplés, susceptibles d'entrer en relations commerciales actives avec le métropole, ont pour type la

Somalie, par où nous prenons contact avec l'Éthiopie. Le

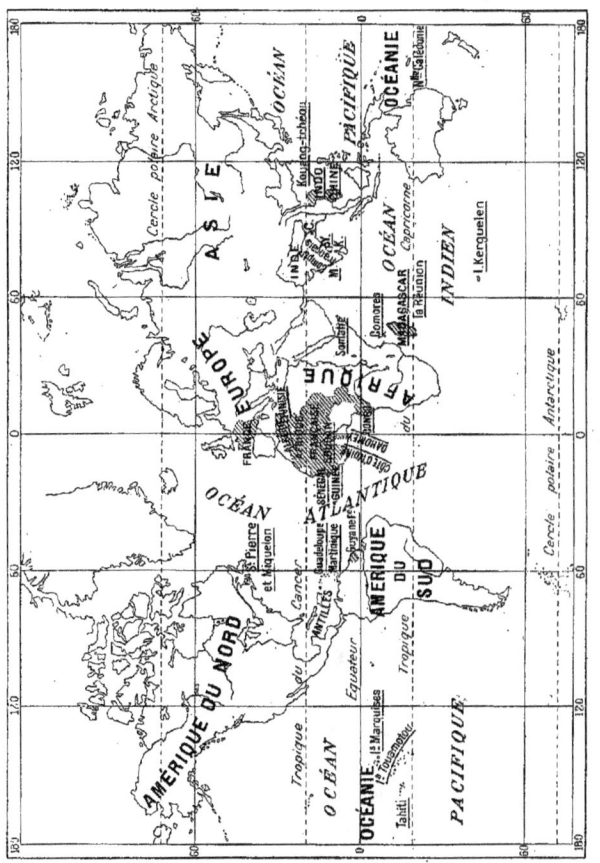

Fig. 1. — *Notre empire colonial.*
Les possessions françaises sont soulignées.

Tonkin, outre sa valeur propre, joue un rôle analogue vis-à-vis de la Chine méridionale.

La variété de notre empire n'est pas moins grande si l'on considère son organisation administrative et politique. Les catégories les plus diverses s'y rencontrent : « colonies » proprement dites, gouvernées et administrées directement par la métropole ; « protectorats », dans lesquels le pouvoir nominal continue à être aux mains d'un souverain local et où les administrations indigènes sont surveillées plus ou moins étroitement par des contrôleurs français ; « zones d'influence », établies sur la carte avant qu'ait pu avoir lieu l'occupation effective ; « territoires cédés à bail » pour une durée variable ; « territoires indivis » formant un « condominium ».

Pour le gouvernement de nos colonies, nous n'avons pas, il est vrai, à notre disposition ce souple instrument (inventé, au reste, par les Français du Canada) qu'est le « self government » anglais, grâce auquel les communautés d'origine européenne peuvent passer tout doucement, et sans heurts, de la sujétion à l'indépendance. Cependant nos colonies de peuplement évoluent peu à peu vers le type réalisé par le Canada, l'Australie et l'Afrique du Sud. Assurément ni les Délégations Financières d'Algérie ni la Conférence Consultative de Tunisie ne sont des Parlements, et d'ailleurs nos colonies ne peuvent avoir de véritables Parlements tant que certaines d'entre elles restent représentées au Parlement français. Mais dès à présent ces institutions locales donnent à nos « colonies de peuplement » une certaine autonomie, par quoi elles diffèrent encore de nos « colonies d'exploitation ».

C'est en Afrique que sont les plus vastes de nos possessions coloniales : l'Algérie et la Tunisie, le Sahara, l'Afrique occidentale et équatoriale forment un domaine d'un seul tenant, qui couvre plus de 8 millions de km^2 ; Madagascar y ajoute une superficie insulaire supérieure à celle de la France continentale. Inférieur en étendue à notre empire africain, notre empire asiatique d'Indochine le dépasse en population. A côté de ces grands ensembles coloniaux, qui représentent tout l'effort du xix° siècle, les petites colonies semées sur les autres coins du globe, et dont la plupart représentent les espoirs déçus du passé, apparaissent bien minuscules : Somalie, Inde Française, archipels océaniens, Guyane et petites îles d'Amérique.

CHAPITRE II

L'AFRIQUE DU NORD : LE MILIEU PHYSIQUE

L'Afrique du Nord. — Histoire du sol. — Les roches. — Le relief algéro-tunisien. — L'Atlas Tellien ; la chaîne littorale ; la dépression sublittorale ; la chaîne tellienne médiane ; la dépression médiane ; la chaîne tellienne intérieure. — Les Hauts-Plateaux algériens. — L'Atlas Saharien. — L'Atlas tunisien. — Le littoral algéro-tunisien. — Le climat de l'Afrique du Nord : le climat algérien ; le climat tunisien. — Les eaux courantes. — La végétation. — La faune. — Les minéraux utiles. — Valeur de l'Algérie-Tunisie.

L'AFRIQUE DU NORD. La partie la plus importante de l'Empire colonial français est la belle colonie de peuplement que la France s'est donnée dans l'Afrique du Nord.

L' « Afrique du Nord » — si on laisse de côté la Tripolitaine et l'Égypte — forme une région naturelle très nettement caractérisée et très distincte du reste de l'Afrique, dont le Sahara la sépare beaucoup mieux que la Méditerranée ne l'isole de l'Europe méridionale (fig. 2).

Les habitants l'appellent le « Maghreb », c'est-à-dire le Pays du Couchant. Le géographe allemand Karl Ritter l'a dénommée « Afrique Mineure », parce qu'elle forme comme une petite Afrique dans la grande : on dit de même « Asie Mineure ». L'expression « Région de l'Atlas », tirée du principal soulèvement qui l'accidente, aurait l'avantage de rappeler sa nature essentiellement élevée. Enfin, le terme de « Berbérie », jadis « États barbaresques », indique que le fond de sa population est constitué par les Berbères.

Les limites de l'Afrique du Nord sont très nettes au Nord, à l'Est et à l'Ouest ; ce sont, en effet, des limites maritimes : la Méditerranée et l'Atlantique. Elles sont beaucoup moins précises vers le Sud ; l'Afrique du Nord s'arrête au Sahara, mais sur bien des points il y a transition lente et non passage brusque de l'une à l'autre région. D'une façon générale cependant, on peut dire que l'Afrique du Nord se limite aux pentes méridionales de l'Atlas.

La région de l'Atlas comprend, d'Ouest en Est, trois Etats politiquement distincts : le Maroc, Empire musulman encore indépendant ; l'Algérie, colonie française ; la Régence de Tunis, placée sous le protectorat de la France.

En faisant abstraction de leurs dépendances sahariennes, l'Algérie couvre environ 300.000 km^2, et la Tunisie 100.000 ; ces deux territoires s'étendent sur 1.300 km. de longueur, du 4° long. Ouest au 9° long. Est ; leur largeur, plus grande à l'Ouest qu'à l'Est, varie entre 400 et 200 km. : les 37° et 32° parallèles en marquent à peu près les points extrêmes.

HISTOIRE DU SOL. La structure de l'Afrique du Nord est en relation étroite avec celle des régions européennes voisines.

Le littoral septentrional de l'Algérie-Tunisie est dominé par les débris d'un massif ancien, — le Massif tyrrhénien, — auquel se rattachent les monts provençaux des Maures et de l'Esterel, la Corse et la Sardaigne. Les principaux fragments africains du Massif tyrrhénien sont le Djurdjura, la Petite Kabylie, l'Edough.

Contre ces montagnes anciennes sont venus buter les plissements de l'Atlas, qui comptent parmi les montagnes

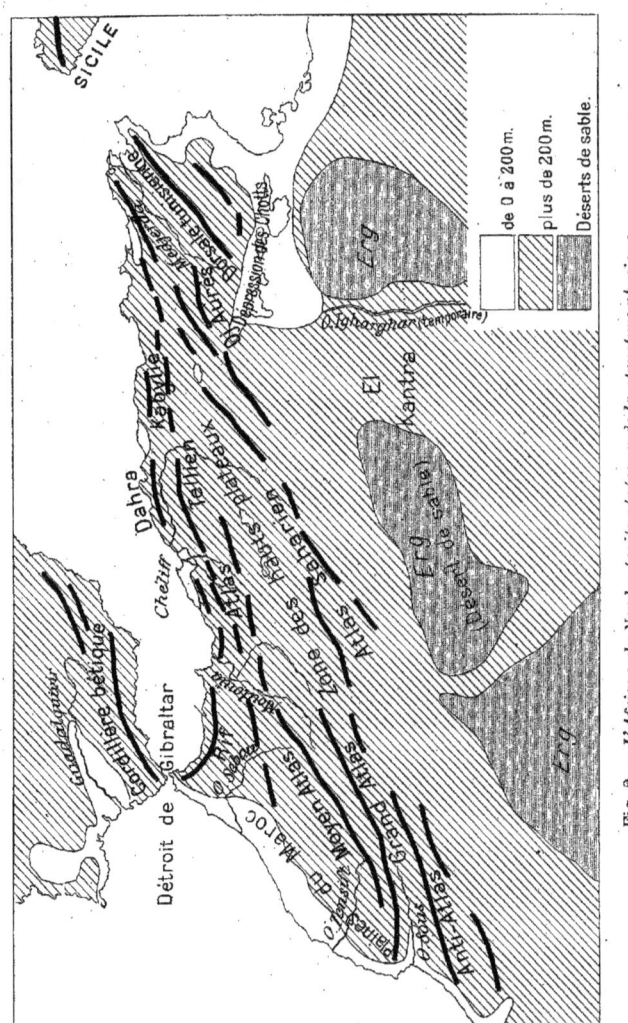

Fig. 2. — *L'Afrique du Nord : traits généraux de la structure physique.*

les plus jeunes du globe, et se groupent en deux éléments principaux : l'un voisin de la Méditerranée, l'Atlas Tellien, l'autre voisin du Sahara, l'Atlas Saharien.

Au Sud-Ouest une région d'architecture tabulaire, la « meseta sud-oranaise » (simple prolongement peut-être de la meseta marocaine), s'intercale entre les deux régions atliques d'architecture plus ou moins plissée.

Au Nord-Est, la Dorsale Tunisienne, qui fait suite à l'Atlas Saharien, se prolonge en Sicile, au delà du seuil de 140 km. qui sépare le Cap Bon du Cap Granitola.

LES ROCHES. Les roches anciennes n'occupent donc actuellement que peu de place en Algérie-Tunisie ; elles n'apparaissent, accompagnées de roches éruptives récentes, que sur la côte, dans les débris de la Tyrrhénide.

Les roches secondaires, principalement les calcaires durs du lias, ont contribué à la formation des plissements de l'Atlas, dont l'orographie définitive a été dessinée par les mouvements de l'ère tertiaire, surtout de la période miocène ; les régions déprimées se trouvent en partie remplies par les produits des puissantes dénudations qui marquèrent les dernières périodes tertiaires, depuis l'oligocène.

LE RELIEF AL-GÉRO-TUNI-SIEN. L'altitude moyenne de l'Algérie-Tunisie dépasse 700 m. Cet ensemble de hautes terres, sensiblement plus élevé que toutes les hautes régions intérieures de la France, est morcelé en de très nombreux compartiments par des dépressions de diverse importance.

Les plaines littorales sont rares au Nord : seules, celles d'Oran, d'Alger, de Bône et de Tunis interrompent une côte rocheuse, que dominent directement les montagnes.

Sur la façade orientale, en revanche, des terrasses d'alti-

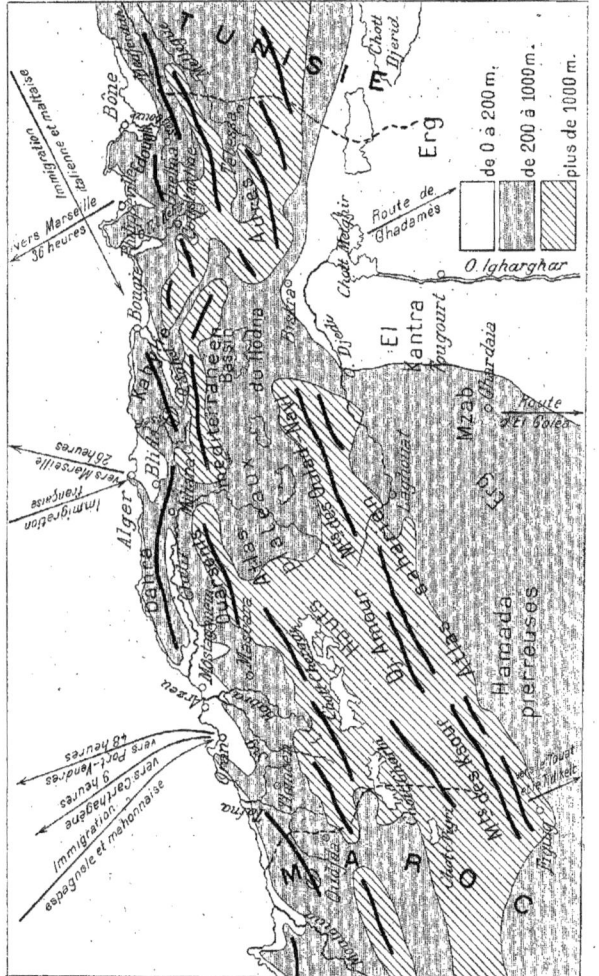

Fig. 3. — L'Algérie.

tude décroissante s'abaissent vers la grande plaine tunisienne du Sahel, que termine un littoral bas et sablonneux.

Au milieu des massifs telliens s'intercalent d'étroites vallées basses (oued Chélif, oued Sahel, oued el Kébir, oued Seybouse, oued Medjerda), ou de hautes plaines peu développées, celles de Tlemcem, de Sidi-bel-Abbès, de Mascara, de Médéa ou d'Aumale par exemple. Enfin, entre les alignements telliens et sahariens de l'Atlas algérien, se présente une dépression relative, en partie comblée par les débris des montagnes accumulés au cours des siècles, et assez improprement désignée sous le nom de « Hauts-Plateaux ».

L'unité structurale de l'Algérie-Tunisie comporte donc une infinie diversité de petites régions naturelles, entre lesquelles les communications ont été de tout temps rendues difficiles par l'âpreté du relief. C'est en Algérie surtout que les différents aspects s'accusent et se précisent (fig. 3) ; en effet, de la frontière marocaine au bassin oriental de la Méditerranée, les alignements montagneux vont se rapprochant progressivement : les Hauts-Plateaux, qui s'étendent à l'Ouest sur une largeur de 200 km., sont étranglés à l'Est par le resserrement des chaînes de l'Atlas, dont la confusion et l'enchevêtrement s'achèvent en Tunisie.

L'ATLAS TELLIEN. — L'Atlas Tellien comprend en Algérie, si l'on y joint les massifs anciens du Nord, trois chaînes principales que séparent deux longues et étroites dépressions. On peut ainsi distinguer [1] une chaîne littorale, une dépression sublittorale, une chaîne médiane, une dépression médiane, une chaîne intérieure.

1. D'après Bernard et Ficheur, *Les Régions naturelles de l'Algérie.*

LA CHAINE LITTORALE. La chaîne littorale de l'Atlas Tellien est très différente de constitution dans ses parties occidentale et orientale : à l'ouest d'Alger, c'est une chaîne principalement crétacée; à l'est, c'est un ensemble de massifs à noyau archéen.

D'abord démantelée dans la région d'Oran, la chaîne littorale dresse dans le Dahra de hautes crêtes parallèles, coupées de gorges abruptes et terminées par des falaises maritimes dont l'à pic dépasse souvent 100 m.; les Zaccar (1.580 m.) relient le Dahra au petit bombement du Bouzaréa (407 m.), qui domine Alger, et aux massifs de l'Atlas Mitidjien (Mouzaïa, 1.604 m.; Bou Zegza) : ces derniers sont isolés les uns des autres par des coupures profondes.

La Grande et la Petite Kabylies représentent les plus hauts massifs de la chaîne littorale. La Grande Kabylie a pour centre le noyau granitique et micaschisteux du Djurdjura, qu'entoure, par delà les ravins, par delà la vallée du Sébaou, un cercle imposant de montagnes élevées (Lella Khadidja, 2.308 m.) où dominent les calcaires liasiques et les grès éocènes. La Petite Kabylie, en partie volcanique, culmine par 2.000 m. aux Babor. L'abondance des eaux courantes et de la végétation, le caractère grandiose de gorges, telles qu'à l'ouest des Babor le Chabet-el-Akra, « défilé de l'agonie », font des Kabylies une des régions les plus pittoresques du monde méditerranéen.

Le petit massif gneisique de l'Edough (1.000 m.), qui surplombe la plaine de Bône, est le dernier pointement oriental de la chaîne littorale.

LA DÉPRESSION SUBLITTORALE. Entre la chaîne littorale et la chaîne médiane de l'Atlas Tellien se creuse un premier sillon longitudinal, qui représente un ancien détroit miocène, et que l'on peut appeler « dépression sublittorale »; d'Ouest en Est, la vallée du Chélif, les plaines de Médéa et d'Aumale, la vallée de l'Oued Sahel le jalonnent.

LA CHAINE TELLIENNE MÉDIANE. La chaîne médiane, essentiellement constituée par des terrains crétacés et éocènes, apparaît à l'Ouest dans les Monts des Tessala (Dj. Filhaoucen, 1.137 m.) ; sa principale manifestation est le Massif de l'Ouarsenis, dôme jurassique posé sur des assises crétacées, dont la pente, brusque au Nord sur la vallée du Chélif, est plus douce au Sud vers le plateau du Sersou : l' « Œil du Monde », comme le dénomment les Arabes, y atteint 1.985 m. Les massifs du Titteri (Dj. Dira, 1.812 m.), des Biban, et les Monts de Constantine prolongent à l'Est la chaîne médiane.

LA DÉPRESSION MÉDIANE. Entre la chaîne médiane et la chaîne intérieure de l'Atlas Tellien, une seconde dépression longitudinale peut être qualifiée de « dépression médiane »; les plaines de Tlemcen, de Sidi-bel-Abbès et de Mascara, les plateaux de Tiaret, du Sersou et de Sétif laissent apparaître de place en place cette longue bande tertiaire, qui disparaît en partie au centre et à l'Est sous de grandes nappes d'alluvions récentes.

LA CHAINE TELLIENNE INTÉRIEURE. La chaîne intérieure de l'Atlas Tellien, accentuée à l'Ouest par le massif jurassique de Tlemcen, qui s'interrompt presque complètement ensuite, se termine à la frontière tunisienne par les Monts de la Medjerda.

D'Ouest en Est, les trois chaînes de l'Atlas Tellien perdent donc de leur continuité et de leur individualité; il serait difficile de continuer à les isoler en Tunisie.

LES HAUTS-PLATEAUX ALGÉRIENS. La zone qu'on a coutume d'appeler les « Hauts-Plateaux », entre l'Atlas Tellien et l'Atlas Saharien, comprend en réalité des régions très différentes.

On rencontre sur les Hauts-Plateaux des aires surélevées, comme à leur extrémité Nord-Ouest la meseta de Saïda, comme aussi en leur partie centrale le plateau des Rahmane, qui semble annoncer le plateau saharien du Mzab. On y rencontre d'autre part de véritables dépressions, constituées par une série de bassins indépendants, d'altitude très diverse. Les parties les plus creuses de ces bassins, dus au remplissage de cuvettes tertiaires, sont occupées par des dépôts de sel et de gypse, recouverts d'eau en hiver, à peu près à sec en été : ce sont les chotts; le Chott el Chergui, à l'Ouest, est à une altitude de 1.000 m.; le Chott el Hodna, à l'Est, n'est qu'à 400 m. Le rapprochement de l'Atlas Tellien et de l'Atlas Saharien réduit une partie des Hauts-Plateaux à l'état de bassins fermés, tels que celui du Chott el Hodna.

L'ATLAS SAHARIEN. L'Atlas Saharien est le mur de soutènement méridional de l'ensemble de hautes terres que représente l'Algérie. Les terrains secondaires y dominent, calcaires et grès jurassiques, grès, calcaires et marnes crétacés ; on a rattaché au Trias les curieux rochers de sel gemme qui abondent dans sa partie occidentale.

L'Atlas Saharien est moins compact et moins continu que l'Atlas Tellien ; les plissements sont restés souvent à l'état d'ébauche, et sur de vastes espaces les couches sédimentaires sont demeurées horizontales ; en plusieurs endroits s'ouvrent de larges brèches qui donnent accès vers le Sahara et font pénétrer les influences désertiques jusque sur les Hauts-Plateaux.

Trois faisceaux principaux de plis constituent l'Atlas Saharien : les Monts des Ksour, le Dj. Amour et l'Aurès.

Au voisinage du Maroc, les Monts des Ksour (Ksar, pl. Ksour = village fortifié), formés de massifs isolés, souvent creusés à l'intérieur en bassins verdoyants, se relient par de faibles contreforts au Dj. Amour. Celui-ci est un vaste

Photo H. Busson.
Fig. 4. — *Les plissements de l'Aurès, près d'Amentane.*

plateau crétacé de moins de 2.000 m., découpé en « gada », larges tables gréseuses couronnées de bois et terminées par des falaises verticales. Les Monts des Oulad Naïl, moins élevés encore, mènent au grand Massif de l'Aurès, dont ils sont séparés par la coupure d'El Kantara, « le pont ».

L'Aurès, appuyé sur les plateaux du Nord, plonge vers la dépression saharienne des chotts algéro-tunisiens par des crêtes crétacées, orientées parallèlement Nord-Est Sud-Ouest; d'étroites et pittoresques vallées d'origine tertiaire se creusent entre ses plis aigus et serrés (fig. 4) ; les sommets septentrionaux, le Chélia et le Mahmel (2.331, 2.324 m.) sont les points culminants de toute l'Algérie.

L'ATLAS TUNISIEN. Le relief de la Tunisie (fig. 5) est à la fois plus simple et plus complexe que celui de l'Algérie : au point de vue tectonique, il se rattache tout entier à l'Atlas Saharien d'Algérie, mais les aspects en sont nombreux et variés.

C'est à l'Atlas Saharien qu'il faut relier les Monts de la Kroumirie (moins de 1.000 m.), longues croupes forestières aux assises de grès noir, et les Monts de Tebourzouk, que coupe la Medjerda.

C'est à l'Atlas Saharien que se rattachent plus directement encore les soulèvements jurassiques et crétacés que l'on a réunis sous l'appellation de Dorsale Tunisienne (Dj. Chambi, 1.590 m.). Facile à franchir, cette série montagneuse, dont la partie centrale est quelquefois appelée Monts de Zeugitane, se trouve jalonnée au Nord par une ligne de sources parfois thermales, qui jaillissent des calcaires liasiques, et qui alimentaient jadis les aqueducs de Carthage.

Entre les massifs du Nord tunisien, les Hauts-Plateaux n'apparaissent plus que très fragmentaires et restreints.

Dans la Tunisie méridionale, de rares massifs isolés (Dj. Orbata, 1.170 m.), en forme de plateaux à escarpements brusques, dominent la profonde dépression des chotts algéro-tunisiens, dont les parties les plus creuses sont au-dessous du niveau de la mer.

Par sa large plaine orientale, la Tunisie offre des facilités de circulation intérieure qu'ignore l'Algérie, et qui s'ajoutent aux facilités d'accès dues à sa double façade maritime. Mais le resserrement vers le Nord des plis de l'Atlas, privant la plus grande partie de la Tunisie de

28 L'AFRIQUE DU NORD

toute protection montagneuse contre les influences saha-

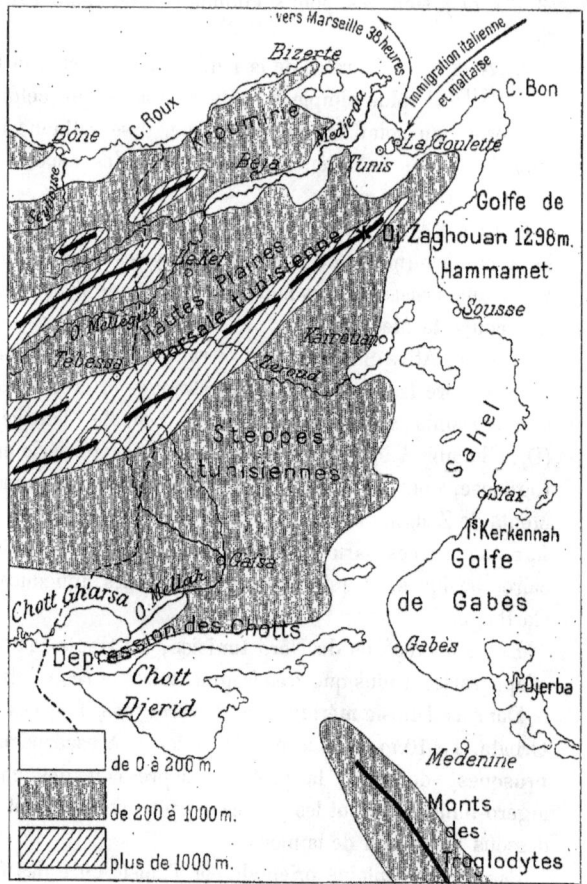

Fig. 5. — *La Tunisie.*

riennes, laisse en contact direct la mer et le désert.

LE LITTORAL ALGÉRO-TU-NISIEN. Les côtes de l'Algérie-Tunisie se présentent sous deux aspects opposés.

Le littoral septentrional, bordé par des montagnes qui lui sont parallèles, est généralement élevé et rocheux ; le Dahra, les Monts de Kabylie et de Kroumirie accompagnent une « côte de fer » inhospitalière et dangereuse. L'effort de la mer n'a abouti qu'au creusement de petites baies demi-circulaires, trop ouvertes aux vents du Nord-Ouest.

C'est dans l'angle Sud-Ouest de ces baies, à l'abri d'un promontoire, que se sont établis les principaux ports : à l'abri du Cap Falcon, Mers-el-Kébir et Oran ; à l'abri du Cap Ferrat, Arzeu ; à l'abri de la Pointe Pescade, Alger ; à l'abri du Cap Carbon, Bougie ; à l'abri du Cap de Garde, Bône.

Au point de contact des deux bassins méditerranéens, entre le Cap Blanc et le Cap Bon, les Lacs de Bizerte et de Tunis créent à la navigation des asiles naturels, le second peu profond d'ailleurs et d'abord difficile au fond de la forte échancrure du Golfe de Tunis.

Sur le rivage oriental, très différent du littoral septentrional, la mer a creusé les Golfes de Hammamet et de Gabès, dont les faibles profondeurs, les sables et les lagunes rendent l'accès peu commode aux navires d'un certain tonnage ; des îles plates (Iles Kerkenna, Ile Djerba) semblent être les restes de la plaine submergée.

Au Nord, mer profonde, mais côte fermée vers l'intérieur ; à l'Est, terres ouvertes, mais eaux trop peu profondes : ce ne sont ni d'un côté ni de l'autre des conditions naturellement favorables à la pénétration maritime.

LE CLIMAT DE L'AFRIQUE DU NORD La Région de l'Atlas fait partie de la zone tempérée chaude, caractérisée par d'assez faibles écarts de température et par une saison de pluies d'hiver ; ces pluies, comme dans la région méditerranéenne française, tombent sous forme d'averses rares, mais très violentes, qui ravinent les terres et dénudent le sol ; pendant les trois mois d'été, elles manquent encore plus complètement que dans notre Provence.

La situation de la Région de l'Atlas entre la Méditerranée, d'où lui viennent des brises fraîches et chargées d'humidité, et le Sahara, d'où lui arrivent des vents chauds et desséchants (sirocco), ainsi que la disposition du relief et les différences d'altitude, imposent au climat des diverses parties de l'Algérie-Tunisie des caractères variés.

LE CLIMAT ALGÉRIEN. En Algérie, d'une façon générale, les pluies diminuent et les écarts de température augmentent du Nord au Sud, de la mer au désert.

Ce qui distingue essentiellement le « Tell » des « Hauts-Plateaux » algériens, c'est que le « Tell » a des pluies suffisantes pour la culture, tandis que les Hauts-Plateaux en ont juste assez pour l'élevage.

Le Tell comporte d'ailleurs bien des nuances climatériques.

L'étroite bande littorale ignore seule les rigueurs de l'hiver : la température moyenne varie à Alger entre 12° pour janvier (8° à Nice et à Naples) et 25° pour juillet. Sur tout le littoral les pluies sont abondantes, mais particulièrement dans la partie orientale où les vents du Nord-Ouest arrivent après avoir traversé de larges étendues marines : Oran reçoit annuellement 48 cm. de pluie, Alger 76 cm., et Dellys 89.

La zone montagneuse du Tell connaît des hivers plus

rigoureux et des étés plus chauds que la zone littorale ; fréquemment le thermomètre s'abaisse au-dessous de 0° ; pendant de longs mois, la neige couronne les montagnes et intercepte les cols ; Médéa (920 m. d'altitude) a des températures moyennes de 7° en janvier et de 26° en juillet. L'abondance des pluies varie beaucoup dans l' « l'intérieur », selon l'éloignement de la mer et les dispositions topographiques : Tlemcen reçoit 63 cm., Sidi-bel-Abbès 40, Tizi-Ouzou 82.

Les Hauts-Plateaux, où les influences désertiques prédominent sur les influences maritimes, ont à la fois de très forts écarts de température, de faibles quantités de pluies annuelles et de longues périodes de sécheresse. Les moyennes de janvier et de juillet donnent, à Géryville, 3° et 26°, et les températures extrêmes sont beaucoup au-dessous ou au-dessus de ces chiffres ; la température est également très variable dans l'espace de vingt-quatre heures : on a noté à Géryville 1° pendant la nuit, 35° pendant le jour. La hauteur annuelle des pluies varie sur les Hauts-Plateaux entre 40 et 20 cm.

LE CLIMAT TUNISIEN. — En Tunisie, par suite du resserrement des chaînes de l'Atlas, les influences maritimes et désertiques sont beaucoup plus enchevêtrées qu'en Algérie ; les premières dominent généralement, la Tunisie présentant sur l'Algérie l'avantage d'un littoral oriental tempéré et convenablement arrosé, le Sahel. La température moyenne varie de 11° en janvier à 27° en août pour Tunis, de 11°,5 à 26°,5 pour Sousse, de 11° à 27° pour Sfax ; exceptionnellement Tunis subit quelques violents coups de simoun venus du Sahara, qui élèvent sa température jusqu'à 48°, et quelques coups de vents froids, venus de l'Apennin neigeux. Les pluies ne sont vraiment insuffisantes que dans la région des chotts ; Bizerte reçoit 70 cm., Tunis 50, Sfax 30 et Kairouan 27.

Dans l'ensemble, le climat de l'Algérie-Tunisie est salubre, et l'habitant des pays tempérés, auquel presque partout un hiver assez froid permet d'oublier les chaleurs de l'été, peut très vite s'y adapter. Il n'y aurait peut-être de réserves à formuler que pour certaines régions basses du Tell, fermées du côté de la mer par un rideau de montagnes qui arrêtent les brises, empêchent la ventilation, laissent s'accumuler les brumes malsaines et les émanations fiévreuses du sol.

LES EAUX COURANTES. Le relief du sol et le climat permettent de comprendre ce que sont, en général, les cours d'eau de l'Afrique du Nord : pour la plupart très courts, puisque la montagne est voisine de la mer, ils ont pour cette même raison une pente rapide : ce sont des torrents plutôt que des rivières. Leur régime est très inégal ; alimentés abondamment pendant quelques semaines d'hiver, ils ne reçoivent en été qu'une très faible quantité d'eau, sous forme de brusques averses : on a vu le débit de la Mina varier de 600 litres à 1.000 m^3, celui de la Seybouse de 150 litres à 1.000 m^3. Le lit inférieur, souvent très large, est à peu près complètement à sec pendant toute la durée de l'été (fig. 6).

Les plus longs de ces cours d'eau n'échappent pas à cette inégalité de régime et à cette insuffisance d'alimentation permanente. Le Chélif (700 km.), qui vient du Dj. Amour, traverse les Hauts-Plateaux en s'affaiblissant par l'évaporation, et serait sans doute impuissant à percer l'Atlas Tellien s'il ne recevait les eaux du Nahr Ouassel, né sur le versant méridional de l'Ouarsenis. La Medjerda coule de bassin en bassin à travers les plis de l'Atlas oriental, et charrie des alluvions assez importantes pour avoir amené à plusieurs reprises, dans le cours des siècles, le déplacement de son embouchure.

Crues dangereuses, navigation impossible, vallées parfois malsaines : tels sont les caractères des rivières tel-

Fig. 6. — *L'oued Chiffa, à son entrée dans la Mitidja.*

liennes; leur utilité ne se manifeste que pour l'agriculture, par l'irrigation.

Les Hauts-Plateaux algériens, ainsi que les plaines du Sud tunisien, ont un régime hydrographique spécial. Ces régions reçoivent très peu de pluies, l'évaporation y est très forte en été, les bords renflés en forme de bourrelet ne permettent guère aux eaux de s'écouler au dehors; aussi les oueds refluent-ils, par des vallées souvent asséchées, vers les dépressions intérieures appelées chotts ou sebkhas : Chott ech Chergui, Chott el Hodna,

— Chott Melghir, Chott el Gharsa, Chott el Djerid.

« Le chott n'est pas plus un lac que l'oued n'est un fleuve. Le Hodna et le Chergui ressemblent encore moins à des nappes comme le Léman ou l'Ontario, que le Chélif au Rhône. L'eau du chott est peu profonde, vaseuse, saumâtre, jamais potable; en été, quand les oueds languissants se perdent en route, le soleil a bientôt fait de tout tarir. L'évaporation laisse alors à sec d'épaisses couches de sel dont les efflorescences blanchâtres présentent, quand la lumière s'y joue, l'éblouissant éclat d'une mer de glace. » (Wahl)

LA VÉGÉTATION. La végétation, qui est si étroitement liée au climat, varie dans l'Afrique du Nord avec le voisinage de la mer ou du désert, avec l'altitude, avec l'exposition.

On peut distinguer à cet égard deux grandes zones naturelles : la zone forestière et agricole, qui comprend le Tell algérien et le Sahel tunisien, — la steppe des Hauts-Plateaux, « pays des graminées et de la vie pastorale ».

Par delà l'Atlas saharien, c'est la « région non cultivable, sans eau, sans arbres et sans cultures, sauf dans les oasis et par l'irrigation », c'est le Sahara, extérieur à l'Algérie-Tunisie.

« Bien entendu, il n'y a pas là, comme on se l'imagine parfois, trois bandes ininterrompues de largeur constante; il existe des îlots boisés ou cultivables dans la steppe et le Sahara, des îlots de steppes et de déserts en plein Tell. Tout dépend de l'abondance et de la répartition des pluies. » (Bernard et Ficheur.)

Le Tell et le Sahel ont une végétation essentiellement méditerranéenne, avec plantes à feuillage persistant et tissus adaptés à la sécheresse. Les montagnes sont couvertes d'une végétation forestière parfois abondante : trembles, peupliers et frênes dans les fonds, pins d'Alep, pins-parasols, chênes-verts, chênes-lièges, tuyas et cèdres sur les pentes et sur les cimes. Le plus souvent d'ailleurs la forêt fait place au maquis, à la brousse : lentisques,

Fig. 7. — *Sentier bordé d'aloès, près d'Oran.*

jujubiers, arbousiers, lauriers-roses, myrtes, bruyères, palmiers-nains voisinent avec l'aloès (fig. 7) et le cactus. Les cultures qui conviennent le mieux à cette région sont les céréales (blé, orge) et les cultures arbustives (olivier [fig. 8], oranger, citronnier, mûrier, grenadier, vigne).

Les Hauts-Plateaux sont la zone des steppes herbeuses où dominent l'alfa et l'armoise, où les arbres ne sont guère représentés que de loin en loin par une espèce de pistachier, le betoum.

LA FAUNE. La vie animale est caractérisée dans l'Afrique du Nord par la disparition presque complète des animaux sauvages et par la multiplication des animaux domestiques. Si le lion de l'Atlas n'est plus guère qu'un mythe, le nombre des chevaux, des mulets,

Fig. 8. — *Bois sacré d'oliviers, à Blida.*

des ânes, des bœufs, des chèvres, des chameaux et surtout des moutons (sur la steppe) s'est augmenté dans d'énormes proportions. La sauterelle, qui voyage à la recherche d'une végétation abondante, est un des fléaux de l'Algérie-Tunisie.

La mer, surtout au Nord-Est et à l'Est, est très poissonneuse (anchois, sardine, thon), riche en éponges et en corail.

LES MINÉRAUX UTILES. Les productions minérales sont en rapport avec la nature du sol. Peu de roches anciennes, et par suite pas de houille comme autour de notre Ardenne ou de notre Massif Central. Mais les métaux (fer, plomb, mercure, zinc) se rencontrent en

Cliché du Vérascope Richard.

Fig. 9 — *Hammam Meskoutine : pétrifications.*

filons nombreux. L'Afrique du Nord est riche en eaux thermales; parmi les plus renommées sont les sources pétrifiantes d'Hammam Meskoutine, qui retombent en cascades magnifiques (fig. 9), mais en cascades de pierres colorées de tons étranges. Dans le Sud-Est de l'Algérie-Tunisie une immense couche de phosphate de chaux s'est déposée à la fin de l'époque tertiaire sur les rives de l'ancienne mer. Les chotts et les sebkhas accumulent d'énormes quantités de sels (sel marin, sulfate de soude).

VALEUR DE L'ALGÉRIE-TUNISIE. Ainsi cette région de pénétration difficile, mais voisine de l'Europe occidentale et méridionale, possède des ressources suffisantes pour attirer les hommes, et un climat assez tempéré pour les retenir. Elle devait être l'objet de bien des convoitises, et son morcellement politique, conséquence de son morcellement physique, devait en faire à plusieurs reprises dans l'histoire une proie facile pour les envahisseurs.

CHAPITRE III

L'AFRIQUE DU NORD :
LES HABITANTS, L'ORGANISATION POLITIQUE

Coup d'œil historique. — La domination française.
Densité actuelle de la population. — Les indigènes : les Berbères; les Arabes; types ethniques et sociaux; les Juifs.
Le développement de la colonisation algérienne. — Les éléments européens d'Algérie. — La vie politique de l'Algérie. — L'organisation administrative de l'Algérie.
Les conditions de la colonisation tunisienne. — Les éléments européens de Tunisie. — La vie politique et administrative de la Tunisie.
Importance du Maroc pour la France. — L'action française au Maroc.

COUP D'ŒIL HISTORIQUE. La population de l'Afrique du Nord reflète en sa composition les invasions successives qui, par mer et par terre, sont venues si souvent lui donner de nouveaux maîtres.

Les Numides se virent domptés tour à tour par les Phéniciens de Carthage et par les Romains; ceux-ci implantèrent dans le pays leur civilisation d'abord païenne, puis chrétienne. La civilisation gréco-latine, ébranlée par les Vandales, restaurée un instant par les Byzantins, fut définitivement ruinée par la conquête musulmane, arabe d'abord, turque ensuite. Alors la Berbérie, qui avait entretenu des rapports si étroits avec toutes les parties du monde méditerranéen, se trouva pendant douze siècles retranchée de la civilisation occidentale; l'Europe ne la connut plus que par les méfaits des pirates barbaresques.

Il fallut en 1830 la prise d'Alger par les Français, et en 1881 leur installation à Tunis, pour faire renaître à la vie civilisée l'ancienne Numidie et la partie orientale de l'ancienne Mauritanie.

LA DOMINATION FRANÇAISE. — Aujourd'hui, comme au temps de la domination romaine, la paix règne des confins de la Tripolitaine à ceux du Maroc.

La sécurité de l'Algérie-Tunisie est assurée par le 19ᵉ corps d'armée, qui comprend des troupes européennes et indigènes (tirailleurs, spahis, goumiers); la légion étrangère permet aux Alsaciens-Lorrains de continuer à servir sous le drapeau français, et attire à elle des soldats de toutes les nationalités.

Seules quelques villes du littoral (Alger, Bizerte) sont protégées par des forts modernes. Dans l'intérieur, le système des fortifications consiste simplement en redoutes et en murs d'enceinte percés de meurtrières.

La défense maritime est représentée par quelques postes de défense mobile (Mers-el-Kébir, Alger), et surtout par le grand port militaire de Bizerte, qui commande le passage entre les deux bassins méditerranéens.

* *

DENSITÉ ACTUELLE DE LA POPULATION. — Les nombreuses invasions qu'a subies l'Afrique du Nord, les longs siècles de désordre et d'anarchie qu'elle a connus, ont empêché sa population de se développer normalement.

Aujourd'hui encore, même en tenant compte des 750.000 Européens qui depuis l'occupation française se sont installés en Algérie-Tunisie, on n'obtient pour le territoire non désertique de ces deux pays qu'un total d'environ 7 millions d'habitants, ce qui représente la faible densité générale de 17 hab. au km².

Il faut noter d'ailleurs qu'à côté de régions à peu près inhabitées comme les Hauts-Plateaux, il existe dans la région de l'Atlas des régions surpeuplées comme la Grande Kabylie.

Étant données ses ressources naturelles, l'Afrique du Nord pourrait assurément nourrir beaucoup plus d'habitants. Déjà la paix française, mettant un terme à des guerres séculaires, a doublé depuis 1830 la population indigène de l'Algérie. Toutefois le relief montagneux, la sécheresse des étés et l'absence d'un combustible industriel ne permettent pas à l'Algérie-Tunisie d'atteindre une densité comparable à celle des principaux pays de l'Europe occidentale.

LES INDIGÈNES. L'étude des populations indigènes de l'Afrique du Nord est encore pleine d'obscurités, et c'est une question, par exemple, de savoir s'il existe une race berbère au sens ethnographique du mot. Mais, si l'on s'en tient à l'essentiel, on peut distinguer parmi les habitants indigènes de l'Algérie-Tunisie, c'est-à-dire parmi les populations antérieures à la conquête française, deux grands groupes, les Berbères et les Arabes, et divers autres groupes moins importants, tels que les Maures et les Juifs.

Les Berbères et les Arabes sont Musulmans. Leur total s'élève approximativement à 6 millions d'individus : 4.300.000 pour l'Algérie, 1.700.000 pour la Tunisie.

LES BERBÈRES. Les Berbères, qui paraissent être fixés dans le pays depuis très longtemps, et dans les rangs desquels se sont plus ou moins fondus tous les conquérants de la Berbérie, ont généralement la peau brune, la tête carrée, le nez gros et court, le menton énergique, les lèvres fortes, la barbe et les cheveux noirs; il n'est pas rare de rencontrer parmi eux des blonds aux yeux bleus, qui sans doute rappellent le passage des Vandales.

Dans les montagnes ou dans les oasis où les a refoulés la conquête arabe, les Berbères (Kabyles du Djurdjura, Chaouïa de l'Aurès, Mozabites), ont pris des habitudes de labeur âpre et consciencieux, d'indépendance têtue et violente, qui font songer à nos Basques ou à nos Auvergnats; très attachés à leur terre, qu'ils cultivent avec acharnement, ces sédentaires n'hésitent pas à s'exiler temporairement sur les terrains de culture ou même dans les villes, pour ramasser le pécule qui leur permettra d'accroître à leur retour le nombre des oliviers ou des dattiers paternels; leur organisation sociale, toute démocratique, leur a rendu relativement facile l'évolution vers nos mœurs et nos usages.

LES ARABES. Les Arabes, venus de l'Est au VIIe siècle, représentent un type sémite, plus fin et plus noble que le type berbère; grands, minces, le teint chaud, la figure ovale, le nez aquilin, l'œil vif, les dents éclatantes, ils ont une démarche souple et élégante qui révèle l'adresse et la force.

La vie nomade ou semi-nomade des Arabes, dans les vastes étendues des steppes, n'a pu qu'accentuer leur caractère impassible et contemplatif; ils n'ont d'activité que pour la chasse et la guerre; sous la tente (fig. 10), au milieu de leurs troupeaux, ils ont conservé l'organisation patriarcale et religieuse de leurs ancêtres d'Arabie. Ce sont des

LES INDIGÈNES 43

hommes très éloignés de notre idéal social et économique.

Fig. 10. — Campement d'Arabes nomades sur les Hauts-Plateaux.

TYPES ETHNIQUES ET SOCIAUX.

Même en dehors des villes, il est souvent difficile de démêler l'origine des tribus algériennes ou tunisiennes, tellement depuis douze siècles se sont mêlés les divers éléments ethniques. Si les Oulad Naïl ou les Oulad Sidi Cheikh peuvent être considérés comme de véritables groupements arabes, bien d'autres tribus, les Nememcha d'Algérie par exemple, ou les Kroumirs de Tunisie, sont à la fois de sang arabe et berbère. La langue même n'est pas un critérium sûr : dans l'Aurès, les Oulad Abdi, de souche berbère, parlent la langue arabe, tandis que les Oulad Zeyan, d'origine arabe, parlent un dialecte berbère.

En réalité, ce qui l'emporte sur les distinctions de race, ce sont les divergences de vie sociale et économique, dues aux différences de climat, de flore et de faune. Deux types, non pas immuables, mais à l'heure actuelle encore faciles à reconnaître, s'opposent ainsi l'un à l'autre : le pasteur nomade des steppes et le cultivateur sédentaire du Tell ou du Sahel, — l'homme de la tente et l'homme de la maison.

A ces deux types pourrait s'en ajouter un troisième, l'habitant des villes, désigné plus spécialement sous le nom de Maure.

Les Maures, fortement métissés par les innombrables rapts des Barbaresques, sont d'un tempérament moins énergique et plus sceptique que les indigènes des campagnes. Artisans, commerçants, intellectuels, ils témoignent en Tunisie, où le contact plus fréquent avec l'étranger a depuis longtemps adouci les mœurs, d'un sens plus vif des exigences de la vie moderne qu'en Algérie.

Entre toutes ces populations d'origine et de mœurs si différentes, l'Islam est le seul véritable lien. Peut-être l'influence des confréries religieuses, si nombreuses dans l'Afrique du Nord, se fait-elle sentir plus fortement sur les habitants des steppes que sur ceux des campagnes ou des villes.

LES JUIFS. Installés depuis fort longtemps dans l'Afrique du Nord, n'appartenant pas tous à la race juive, 120.000 israélites habitent par moitié l'Algérie et la Tunisie ; on les trouve groupés dans les villes, où ils étaient jadis relégués en des quartiers spéciaux. Un décret de 1870 a collectivement naturalisé français tous les Juifs algériens.

*   *
    *

LE DÉVELOP-PEMENT DE LA COLONI-SATION AL-GÉRIENNE. A côté des 4 millions et demi d'indigènes musulmans et des 60.000 juifs indigènes, sont établis aujourd'hui en Algérie plus de 600.000 Européens.

L'installation de ces colons européens présenta des difficultés sérieuses, par la seule présence de la

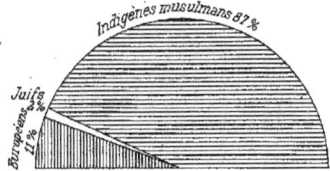

Fig. 11. — *Les populations de l'Algérie.*

population indigène ; il ne s'agissait pas là, en effet, de populations sauvages comme les indigènes australiens, ou sans défense comme les Indiens du Nouveau Monde, mais de races qui avaient un long passé historique, une civilisation originale et des instincts belliqueux. Les indigènes voyaient dans le Français non seulement le vainqueur, mais aussi le spoliateur et l'infidèle. Et ils étaient d'autant plus difficiles à dominer que bon nombre d'entre eux, nomades, échappaient à un contact permanent.

La colonisation algérienne suivit la conquête, d'abord dans les plaines et les vallées, ensuite sur les pentes des régions montagneuses ; les plaines littorales furent peuplées les premières, de 1842 à 1860 ; puis ce fut le tour des hautes plaines, de 1848 à 1878 ; enfin la colonisation s'en prit, à partir de 1872, aux régions montagneuses, et attaqua les Hauts-Plateaux vers 1881.

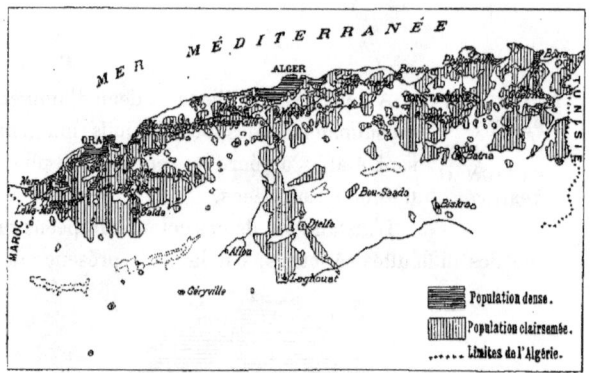

Fig. 12. — *Distribution de la population européenne en Algérie.*

Comme la population indigène est relativement nombreuse et s'accroît rapidement par le seul effet de la natalité — actuellement encore, sur 100 Algériens, on compte 87 à 88 indigènes (fig. 11) — la colonisation n'a pu former que des taches, séparées par de grandes régions indigènes (fig. 12). Il a donc fallu, surtout aux époques où l'insécurité était générale, grouper fortement les colons : on créa peu de fermes isolées, ou bien des fermes fortifiées et de préférence des centres de peuplement très agglomérés, également fortifiés au début. Sans ce groupement, qu'expliquent l'origine méridionale de la plupart des colons, le souci de la sécurité, ainsi que la difficulté de se procurer de l'eau, la colonisation aurait été pour les Européens « l'isolement au milieu de la barbarie ».

Le plus fort contingent de nouveaux arrivants a été fourni par l'immigration spontanée d'Italiens et d'Espagnols. L'immigration française ne fut pas d'abord aussi forte, par suite de la faiblesse de notre natalité et de la richesse de notre sol. Elle ne devint abondante que le jour où l'invasion du vignoble languedocien par le phylloxéra chassa vers l'Algérie nos populations méridionales. Pour contrebalancer l'influence italienne et espagnole, il avait primitivement fallu recourir à une « colonisation officielle », qui attirât le colon français par une concession gratuite ou quasi gratuite de terre. Aujourd'hui, le mouvement est assez avancé pour que le gouvernement, tout en maintenant le principe des concessions gratuites, puisse également vendre aux enchères des terres que se disputent Français d'Algérie et Français de France (Décret du 13 septembre 1904).

LES ÉLÉMENTS EUROPÉENS D'ALGÉRIE. — Il est facile de démêler jusqu'en 1889 la part de l'élément français et de l'élément étranger dans la colonisation algérienne (fig. 13) ; on dénombrait :

En 1833	3.383 Français et	4.329 étrangers
En 1851	66.050 —	65.233 —
En 1881	195.418 —	189.944 —

Mais la loi de naturalisation automatique de 1889, en déclarant Français tous les fils d'étrangers nés en territoire français, a rendu très malaisé de discerner l'origine des colons européens, étant donné surtout que les mariages mixtes entre étrangers et Français figurent pour un quart dans l'ensemble des mariages européens.

Le recensement de 1906 a compté en Algérie 279.000 Français (d'origine ou descendants de naturalisés), 120.000

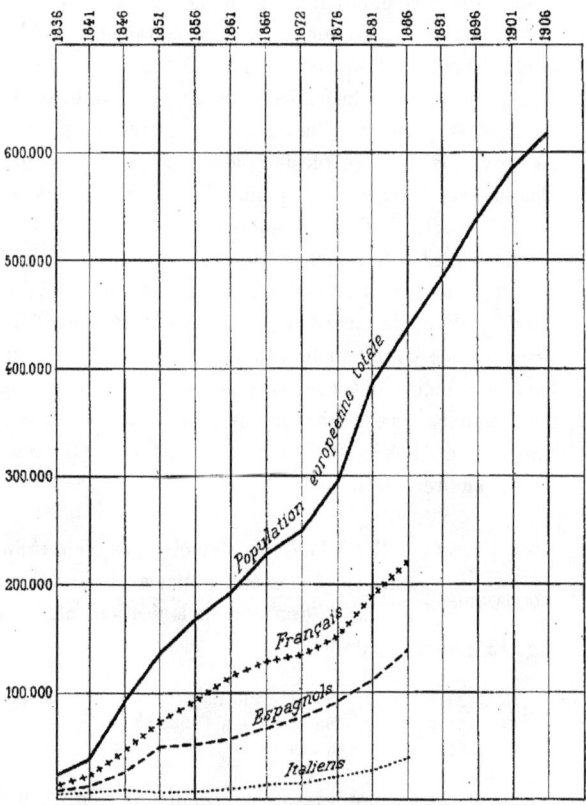

Fig. 13. — *Progrès de la population européenne en Algérie, depuis 1836.*

naturalisés, 216.000 étrangers. On approcherait de la vérité en fixant ainsi la part des différents contingents : Français 45 p. 100, Espagnols 35 p. 100, Italiens 12 p. 100,

Maltais 3 p. 100. Les Espagnols sont surtout nombreux dans l'Oranie, qui a une population européenne en majorité étrangère ; les Italiens, surtout groupés dans la région

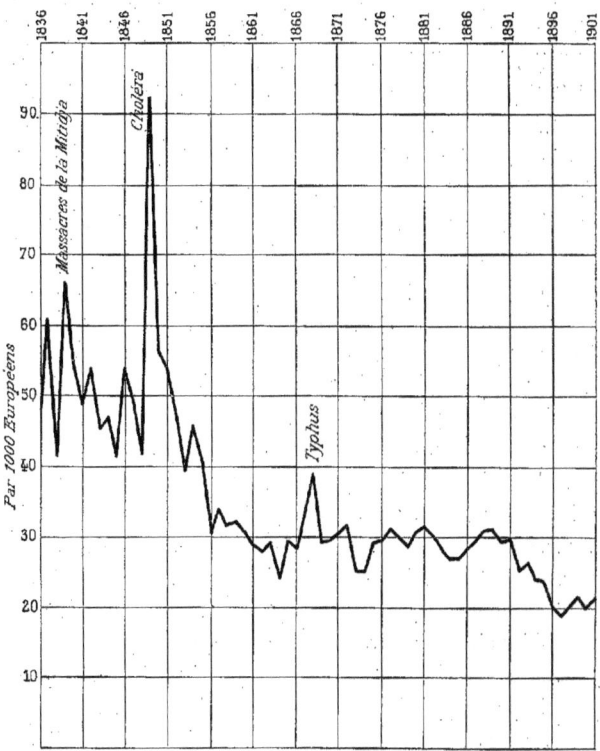

Fig. 14. — *Diminution de la mortalité européenne en Algérie, de 1836 à 1901* (d'après les chiffres donnés par DEMONTÈS).

de Constantine, y donnent la main à leurs compatriotes de Tunisie.

Ces étrangers, tout acclimatés sur une terre dont le sol

et le climat leur rappelaient l'Espagne et l'Italie natales, ont rendu des services incontestables à la colonisation. Si les Français ont apporté la direction politique, la science économique et l'argent, les Espagnols ont fourni la main-d'œuvre agricole sans laquelle le défrichement eût été bien difficile, les Italiens ont joué un rôle important dans l'exploitation des mines et dans l'établissement des voies de communications.

C'est aussi l'appoint étranger qui contribue le plus à l'accroissement normal de la population européenne, par excédent des naissances sur les décès. La natalité européenne en Algérie a pour coefficient 29 sur 1.000 (23 pour les Français, 35 pour les étrangers ; en France 22, en Espagne et en Italie 35). La mortalité, après s'être élevée à une moyenne de 50 p. 1000 dans les premières années de la conquête (fig. 14), n'est plus aujourd'hui que de 20 sur 1.000 (19 pour les Français, 23 pour les étrangers ; en France 20, en Espagne 27, en Italie 23).

Malgré l'action de l'école et de la caserne sur les naturalisés, et bien que la terre appartienne presque exclusivement aux colons français, le « péril étranger » apparaît menaçant à certains égards ; il est donc essentiel de neutraliser l'immigration étrangère par un courant régulier d'immigration française. « On ne s'en pénétrera jamais trop : c'est au berceau du peuple naissant que se joue la grande partie ; chaque colon qui s'installe, français ou étranger, est le soldat inconscient, mais en armes, d'une lutte silencieuse dont l'enjeu peut être toute une destinée nationale, et où les premiers venus ont bien des chances d'être les plus forts. » (de Peyerimhoff.)

Ainsi la France se trouve aux prises, dans l'Afrique du Nord, avec des difficultés semblables à celles qu'a rencontrées l'Angleterre au Canada et dans l'Afrique du Sud. Le peuple qui se forme sera ou ne sera pas un peuple franco-méditerranéen, suivant que nous aurons ou n'aurons pas su lui imprimer nos caractères nationaux.

LA VIE POLITIQUE DE L'ALGÉRIE. Colonie peuplée d'un nombre assez vite considérable de Français, l'Algérie ne pouvait être indéfiniment gardée en tutelle par la métropole. La difficulté fut, en tenant compte des droits de la France, de ne pas sacrifier les uns aux autres les divers éléments de la population : colons français, colons étrangers, indigènes musulmans et israélites. Après avoir longtemps tâtonné entre le système de l'assimilation et celui de l'autonomie, on s'est arrêté à des solutions intermédiaires.

A la tête de l'Algérie est un Gouverneur Général, placé sous l'autorité du Ministre de l'Intérieur ; le Gouverneur présente un budget spécial au vote des assemblées représentatives algériennes (Conseil Supérieur, en partie élu ; Délégations Financières, élues en totalité, avec sections indigènes) ; puis il soumet ce budget à l'approbation du Parlement français. Le Parlement compte un certain nombre de sénateurs et de députés algériens, élus par les seuls Français et naturalisés.

L'ORGANISATION ADMINISTRATIVE DE L'ALGÉRIE. L'Algérie proprement dite (Territoires du Nord) comprend un Territoire Civil et un Territoire Militaire. Le Territoire Civil est partagé en trois départements, avec préfets, conseils généraux et sous-préfets ; le département d'Oran, chef-lieu Oran, a pour sous-préfectures Sidi-bel-Abbès, Tlemcen, Mostaganem, Mascara ; le département d'Alger, chef-lieu Alger, a pour sous-préfectures Miliana, Médéa, Orléansville, Tizi-Ouzou ; le département de Constantine, chef-lieu Constantine, a pour sous-préfectures Bône, Philippeville, Sétif, Bougie, Guelma, Batna. En Territoire Militaire, les trois Divisions, administrées chacune par un général de division, sont découpées en un certain nombre de cercles, que commandent les officiers des affaires indigènes.

Selon la composition de la population, les communes sont dites communes de plein exercice, communes mixtes, communes indigènes. Les premières ont un conseil municipal élu, où peuvent siéger quelques délégués indigènes ; les secondes sont dirigées par un administrateur, qu'assiste une commission municipale non élue. Les tribus et les douars indigènes ont à leur tête des aghas, caïds, cheikhs, et adjoints indigènes, que nomment les représentants du gouvernement.

L'organisation judiciaire, financière et scolaire est également adaptée, d'une part à l'élément européen, d'autre part à l'élément indigène. Il y a à Alger une Cour d'Appel, et une Université à quatre Facultés.

*
* *

LES CONDITIONS DE LA COLONISATION TUNISIENNE. En Tunisie la population indigène n'a pas opposé à la colonisation les mêmes résistances qu'en Algérie. Il y avait une capitale, Tunis, et une autorité centrale à peu près obéie, celle du bey, que le Protectorat français établi en 1881 laissa nominalement subsister. La population était moins belliqueuse que celle de l'Algérie, plus habituée à la vie sédentaire. Il existait une bourgeoisie urbaine dont les intérêts pouvaient trouver satisfaction sous notre domination, bourgeoisie rompue au commerce, et que la fréquentation des étrangers (Juifs livournais, Grecs,

Levantins) avait ouverte de bonne heure aux influences extérieures.

En revanche l'établissement pacifique de la domination française et le maintien de l'autorité beylicale privèrent le gouvernement des ressources domaniales que les confiscations inhérentes à une conquête militaire lui avaient procurées en Algérie; sans colonisation officielle, il fut beaucoup plus difficile d'attirer les colons français, et les villes retinrent une très forte proportion des immigrants européens.

LES ÉLÉMENTS EUROPÉENS DE TUNISIE. — En 1881, on comptait en Tunisie 300 Français et 11.000 Italiens; le recensement de 1906 a dénombré 35.000 Français et 94.000 étrangers, parmi lesquels 81.000 Italiens et 10.000 Maltais. Les Français ne constituent donc que 27 p. 100 de la population européenne; mais plus du tiers des Européens parlent notre langue. Les Français, d'ailleurs, qui ont apporté en Tunisie d'importants capitaux, et auxquels appartiennent 700.000 hectares de terres, sont plus fortement attachés au sol que les Italiens, dont le plus grand nombre est représenté par des ouvriers agricoles venus de Sicile sans aucune ressource, et prêts à se réembarquer pour l'Amérique du Sud si des conditions plus favorables semblent les y attendre.

LA VIE POLITIQUE ET ADMINISTRATIVE DE LA TUNISIE. — Occupée à une époque et dans des conditions tout autres que l'Algérie, la Tunisie a reçu une organisation différente de l'organisation algérienne. Ce qui caractérise peut-être le plus nettement son développement, contemporain par rapport surtout à l'Algérie, c'est la part qu'y ont déjà prise et qu'aspirent à y prendre dans l'avenir certains éléments de la population indigène; une élite s'est constituée qui, tout en restant très attachée à la religion musulmane, s'est imprégnée d'idées libérales. Cette « Jeune Tunisie » pourra fournir une collaboration précieuse à l'œuvre de renaissance tunisienne entreprise par la France.

Dans le domaine politique, le régime du Protectorat permet aux indigènes de jouer un rôle beaucoup plus considérable qu'en Algérie. La Tunisie est une Régence que gouverne le bey, auprès duquel la France est représentée par un Résident Général, qui dépend du Ministre des Affaires étrangères. Le Résident, aidé de chefs de service français, contresigne les décrets beylicaux et contrôle les actes de l'administration supérieure indigène. Il est assisté d'une Conférence Consultative, où siègent à la fois des colons français et des indigènes.

Des contrôleurs civils français assistent pour l'administration locale les caïds indigènes. Les communes sont administrées par des conseils municipaux dont le président est un indigène, et le vice-président un Français. A côté de la justice indigène, que rendent des caïds et des cadis, des tribunaux français ont été substitués aux tribunaux consulaires. Les impôts indigènes (notamment la Medjba, impôt de capitation) ont été maintenus, mais remaniés. Pour l'enseignement, des établissements français ont été juxtaposés aux établissements indigènes.

C'est en grande partie à ce régime très souple que la Tunisie doit sa prospérité actuelle.

**

IMPORTANCE DU MAROC POUR LA FRANCE. La France ne possède pas toute l'Afrique du Nord : l'ancienne Mauritanie Occidentale a échappé jusqu'à nos jours à son action civilisatrice. Mais l'œuvre admirable accomplie par la France en Algérie-Tunisie, ainsi que sa situation de grande puissance méditerranéenne, lui créent des devoirs et des droits vis-à-vis des pays maghrébins restés jusqu'à présent à l'écart de la civilisation, et plus ou moins effectivement gouvernés par le sultan du Maroc.

Des trois parties de la Berbérie, le Maroc est à la fois la plus riche et, par sa position, la plus importante. Le voisinage de l'Atlantique donne au Maroc des avantages encore supérieurs à ceux que la Tunisie reçoit de son littoral oriental. Les soulèvements de l'Atlas, plus élevés qu'en Algérie, couronnés de neiges perpétuelles, s'écartent l'un de l'autre vers l'Ouest, et s'abaissent vers de riches plaines ouvertes aux vents humides de l'Océan. Les pluies plus fréquentes, les rivières mieux nourries rendent moins angoissant le problème de l'eau; l'agriculture et l'élevage fournissent des produits plus abondants et plus assurés. Les ressources minières semblent très considérables.

Quand bien même la richesse du Maroc n'eût pas suffi à concentrer notre attention sur un pays que guettaient tant de convoitises européennes, notre situation dans l'Afrique du Nord nous eût interdit de renoncer à une politique marocaine. Maîtresse de l'Algérie-Tunisie, la France est une grande puissance musulmane; rien de ce qui intéresse un pays musulman, avec lequel elle a 700 km. de frontières communes, ne peut la laisser indifférente. Les troubles incessants qui agitent le pays marocain auraient vite fait, grâce à la communauté de race et de religion, de se propager, si l'on n'y prenait garde, parmi les indigènes des territoires français.

L'ACTION FRANÇAISE DU MAROC. Les accords conclus successivement par la France avec l'Italie, l'Angleterre, l'Espagne et l'Allemagne, ont écarté les dangers dont nous eût menacés l'installation d'une puissance européenne aux portes de l'Algérie : sous réserve de respecter l'indépendance et l'intégrité de l'Empire marocain, nous avons maintenant toute liberté d'y faire régner l'ordre et la paix indispensables à la tranquillité de nos possessions africaines. Ces privilèges politiques, que nous partageons avec l'Espagne, laissent subsister l'égalité économique reconnue à toutes les puissances par la Conférence d'Algésiras (1906).

Dans le commerce marocain la France occupe d'ores et déjà la première place, grâce à l'appoint du trafic algéro-marocain ; sa part est d'environ 45 p. 100, celle de l'Angleterre de 35 p. 100, celle de l'Allemagne de 10 p. 100 seulement.

Il ne tient donc qu'à nous de développer au Maroc les avantages politiques et économiques que nous assure notre situation unique dans l'Afrique du Nord.

L'occupation momentanée d'Oudjda et de Casablanca, — l'organisation, sous des formes diverses, d'une police franco-marocaine dans la zone frontière de l'Algérie, dans la région de la Chaouïa et dans un certain nombre de ports atlantiques, — le rôle d'instructeurs militaires joué par les officiers français, seuls accrédités auprès du sultan, — le contrôle des douanes et de quelques autres revenus impériaux confié à des agents français : tels sont les différents aspects qu'a revêtu jusqu'ici notre intervention. Ainsi se prépare à notre profit, non pas la « tunisification », mais l' « égyptisation » du Maroc.

CHAPITRE IV

DÉVELOPPEMENT ÉCONOMIQUE DE L'ALGÉRIE

Les communications. — Le problème hydraulique. — L'aménagement agricole. — Les cultures du Tell. — L'élevage des Hauts-Plateaux. — La pêche. — Les mines et l'industrie. — Le mouvement commercial.

LES COMMUNICATIONS. Dans son développement économique comme dans son développement humain, l'Algérie contemporaine a reçu de la conquête française et de l'installation des colons européens une impulsion décisive. Sa résurrection économique a eu pour première condition l'accomplissement de grands travaux publics, rendus nécessaires par le relief et par le climat.

L'Algérie est abordable seulement par mer, et l'accès de sa « côte de fer » est peu commode : en 1830, le débarquement des troupes françaises fut retardé pendant quatorze jours par le redoutable vent du Nord, qui brise si souvent les brigantines ou les balancelles. Aussi des ports modernes, protégés par des jetées en pierres, ont-ils dû être créés à Oran, Arzeu, Alger, Bougie, Philippeville, Bône, etc.

L'absence totale de voies navigables, l'enchevêtrement des montagnes et leur disposition générale en zones parallèles à la côte rendaient difficiles les communications entre les diverses régions de ce pays dépourvu de centre naturel. Il fallait ouvrir des voies d'Ouest en Est, parallèlement au littoral, parce que la zone tellienne est la plus peuplée et parce que le cabotage ne peut se développer le long d'une côte d'accès malaisé. Il fallait en ouvrir d'autres du Nord au Sud, parce que les échanges sont très actifs entre des régions dont le climat et les productions diffèrent grandement ; mais ici les obstacles naturels — traversée des montagnes, puis des steppes sans eau — devenaient considérables, et l'œuvre ne pouvait progresser que lentement.

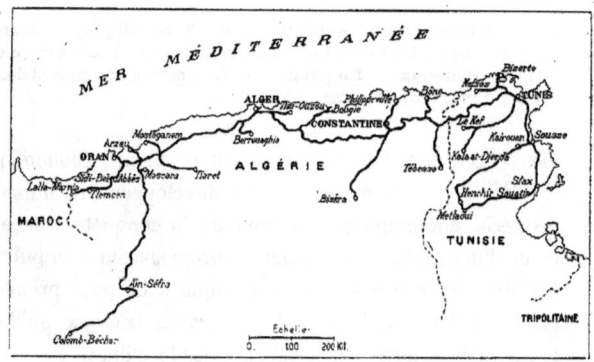

Fig. 15. — *Réseau ferré de l'Algérie-Tunisie.*

L'Algérie connut l'âge de la route, succédant aux pistes muletières de l'époque turque, qui avaient emprunté parfois le tracé d'anciennes voies romaines ; il y a aujourd'hui en Algérie 2.500 km. de routes nationales, sur lesquelles se ramifient toutes les routes et pistes d'intérêt local. Puis vinrent les chemins de fer, dont le réseau compte aujourd'hui, en voies larges ou étroites, plus de 3.000 km. (fig. 15).

Une ligne parallèle au littoral, dite ligne de commandement, va de la frontière marocaine à Tunis, en desservant directement Tlemcen, Oran, Alger et Constantine ; cette ligne est reliée aux autres grands ports, Arzeu, Mostaganem, Bougie, Philippeville, Bône, par des embranchements dont quelques-uns, prolongés vers le Sud, constituent de grandes lignes de pénétration saharienne : Arzeu à Colomb-Béchar (700 km.), Alger à Laghouat (seulement construite jusqu'au seuil des Hauts-Plateaux), Philippeville à Biskra.

LE PROBLÈME HYDRAULIQUE. La solution du problème hydraulique nécessita également d'importants travaux et de grands efforts. Dans un pays où la pluie manque presque totalement en été, mais en revanche tombe en hiver par averses torrentielles, il fallait à la fois irriguer et dessécher, empêcher « qu'une seule goutte de l'eau qui court ne fût abandonnée à elle-même ».

Afin de retenir les eaux nécessaires à l'irrigation, on construisit de grands barrages, sur l'O. el-Hamiz, sur le Chélif, sur le Sig, sur l'Habra. Aujourd'hui, il y a une tendance à renoncer à ces constructions coûteuses, qui sont à la fois dangereuses en cas de rupture, et difficiles à entretenir par suite de l'envasement ; on en reviendrait à la méthode plus modeste, mais plus pratique, des Carthaginois et des Romains. Ceux-ci coupaient tous les torrents, même minuscules, par de petites et rustiques terrasses de retenue, qui se succédaient nombreuses d'amont en aval, arrêtant les terres et transformant les torrents les plus caillouteux en clairs ruisselets ; les barrages n'intervenaient que pour capter les eaux de tous ces ruisseaux, dorénavant inoffensifs.

Au moment de la conquête française, les plaines basses étaient occupées en partie par des marécages pestilentiels : tel le lac Alloula dans la Mitidja, au sud d'Alger. Pour les assainir on entreprit de grands travaux de défrichement, et l'on importa en 1861 l'eucalyptus australien, qui réussit merveilleusement.

L'AMÉNAGE-MENT AGRICOLE. La mise en culture ne se fit pas sans difficultés, ni sans tâtonnements malheureux. Le Tell n'offrait qu'une quantité limitée de terre utilisable, nullement comparable aux énormes réserves de terres vierges que les immigrants ont trouvées aux États-Unis, au Canada, en Argentine. A ces îlots de terre colonisable, séparés par de vastes espaces presque désertiques ou trop escarpés, détériorés eux-mêmes et « défertilisés » par le long séjour d'un peuple inactif, il fallut rendre leur valeur antérieure, et la découverte des phosphates algéro-tunisiens vint fort à propos fournir l'engrais nécessaire.

Il fallut apprendre à combattre les nuées de sauterelles apportées du Sahara par des coups de sirocco.

Il fallut se rendre compte que l'Algérie, quoique africaine, n'avait aucunement un climat tropical, que les cultures méditerranéennes, à peu près seules, pouvaient y réussir, et que la diversité des climats algériens entraînait la diversité des cultures.

L'outillage et les méthodes agricoles des indigènes étaient rudimentaires ; l'incendie des taillis leur créait des pâturages ; le grattage superficiel du sol par des charrues primitives leur procurait des récoltes peu abondantes ; la culture extensive nécessitait de vastes espaces, et nourrissait mal une population pourtant clairsemée. L'installation de 200.000 cultivateurs européens vint rénover ces procédés agricoles, par la pratique et par l'exemple ; il y a maintenant en Algérie beaucoup d'exploitations agricoles qui seraient admirées même en France, et le bon marché de la main-d'œuvre compense dans une forte mesure les surprises du climat.

Après quatre-vingts ans d'occupation française, l'Algérie est encore un pays essentiellement agricole. Sans exagérer sa richesse, il est d'autant plus permis d'avoir foi en son avenir que ce n'est pas un pays de monoculture, et qu'elle aurait chance de retrouver d'un côté ce qu'elle perdrait de l'autre.

LES CULTURES DU TELL. Dans le Tell, les principales productions agricoles sont les céréales, la vigne, l'olivier, les cultures fruitières méditerranéennes, les légumes et les fleurs, le tabac, les forêts de chênes-lièges et l'élevage du bœuf.

Les colons ont développé l'exploitation des céréales en ajoutant la culture du blé tendre à celle du blé dur, dont la semoule fournit aux indigènes leur mets national, le couscous. La moyenne de la production des céréales a atteint dans ces dernières années 5 millions de qx. métriques.

Le blé (pour les pâtes alimentaires), l'orge (pour la brasserie), l'avoine, sont exportés en France en quantités assez considérables.

La culture de la vigne, dans un pays où la population indigène ne boit pas de vin, n'a pris de grande extension que lors de la crise phylloxérique en France. La production viticole, qui n'atteignait pas 350.000 hl. en 1879, dépassait 3 millions d'hl. en 1890, et 8 millions d'hl. en 1909. Mais l'ère de la grande prospérité viticole semble passée : les vignobles français ont été reconstitués, et l'Algérie écoule ses vins d'autant plus difficilement qu'elle a, comme notre Languedoc, trop recherché la grande production. L'avenir est dans le perfectionnement des procédés de vinification et dans la production de vins de liqueur capables de concurrencer les vins portugais ou espagnols.

L'arbre méditerranéen par excellence, l'olivier, ne tient pas encore dans notre colonie la place qu'il devrait occuper. Il était traditionnellement cultivé par les Kabyles; entre des mains françaises sa culture rationnelle fait de grands progrès, et les procédés de fabrication de l'huile se perfectionnent sans cesse. On estime déjà à 25 millions de kg. la production des huiles d'olives algériennes, et à 5 millions de kg. l'exportation en France.

Les cultures de figuiers (Kabylie), d'orangers, de citronniers (Mitidja, Bône), de caroubiers, auxquelles s'ajoute celle des treilles à chasselas déjà cultivées par les indigènes, sont très prospères. Rien qu'en oranges, mandarines et citrons, — le principal centre de production est Boufarik, et non plus Blida, — l'exportation algérienne s'élève à 2 millions de fr. par an.

Dans les plaines littorales, de climat chaud, de sol riche et humide, la culture des primeurs (petits pois, haricots verts, pommes de terre, artichauts, fraises, etc.) a fait des progrès considérables, favorisés par la célérité plus grande des transports vers Marseille et Paris, vers Port-Vendres et Bordeaux, vers Londres et Hambourg.

L'exploitation des chênes-lièges pourrait donner une quinzaine de millions par an : les seules forêts domaniales (240.000 ha. sur 450.000) rapportent déjà 4 millions de fr.

L'élevage du gros bétail, qui a son principal centre à Guelma, ne paraît pas pouvoir prendre un grand développement sous un climat trop sec.

L'ÉLEVAGE DES HAUTS-PLATEAUX. Les steppes des Hauts-Plateaux, où l'insuffisance des pluies ferait de l'agriculture, sans une abondante irrigation, « un véritable billet de loterie », ont pour ressources essentielles l'alfa, employé surtout à la fabrication des papiers de bonne qualité, et l'élevage du mouton.

Si les alfatiers espagnols sont très nombreux en Oranie, en revanche l'élevage du mouton est presque entièrement aux mains des indigènes. L'industrie pastorale, pratiquée par les Arabes des steppes, est une des richesses de l'Algérie au même titre que l'agriculture. Elle est en progrès : grâce à l'augmentation du nombre des points d'eau et à l'amélioration des pâturages, les zones de parcours des nomades se resserrent de plus en plus, et un plus grand nombre de têtes de bétail peuvent être élevées sur un moindre espace. Le troupeau ovin algérien compte 9 millions de têtes — la moitié du troupeau français — et les importations en France de laines algériennes atteignent un gros chiffre.

A la limite saharienne des Hauts-Plateaux apparaissent les premières oasis de palmiers-dattiers. La multiplication des puits artésiens a quintuplé la valeur des oasis du Sahara algérien (oued Rirh) : on estime à 10 millions de fr. la valeur des dattes annuellement exportées.

LA PÊCHE. Bien que la mer soit très poissonneuse sur le littoral algérien, les pêches maritimes n'ont pas encore tout le développement dont elles sont susceptibles. On pêche surtout la sardine, l'anchois, le thon. Les pêcheries de corail de La Calle, autrefois très importantes, sont presque abandonnées.

LES MINES ET L'Algérie, dont tous les gîtes minéraux
L'INDUSTRIE. sont loin d'être connus, peut devenir un riche pays minier ; on ne s'en est rendu compte que tardivement, quand l'exploration géologique fut assez avancée. Aujourd'hui le travail des mines a pris une grande extension. Les phosphates (Tébessa) et les minerais de fer

(Aïn-Mokra, Ouenza) de l'Algérie orientale, ainsi que les minerais de zinc et de cuivre, sont et seront exportés en quantités sans cesse croissantes.

L'absence de houille empêche de les travailler sur place. C'est elle qui entrave le développement de l'industrie algérienne, limitée jusqu'à ce jour à la mise en œuvre de quelques-uns des produits agricoles : manufactures de tabac, moulins à huile, minoteries, distilleries, fabriques de crin végétal, sparteries.

Les industries d'art indigène sont de moins en moins actives, en dépit des efforts tentés pour les relever.

LE MOUVEMENT COMMERCIAL. — Le commerce extérieur de l'Algérie est essentiellement maritime. A travers le Sahara, quelques caravanes de chameaux n'alimentent qu'un trafic minuscule; par les frontières tunisienne et marocaine, les échanges, entre pays de productions similaires, ne pourront jamais avoir qu'une importance accidentelle, due à des causes politiques ou douanières. Par mer, en revanche, le commerce algérien a fait des progrès rapides depuis la conquête française : de 8 millions de francs en 1831, il a passé à 300 millions vers 1870 et à 600 millions vers 1900 (fig. 16).

En 1909, le commerce général était de 834 millions, le commerce spécial de 780, dont 451 pour les importations et 329 pour les exportations. Les principales marchandises exportées sont : les vins (85 millions), les céréales (52 millions), les moutons (31 millions), les minerais et phosphates (31 millions), les laines (12 millions) ; elles représentent au total les 2/3 des exportations. Les importations consistent surtout en produits fabriqués (tissus, machines), en charbon, en bois, en denrées coloniales tropicales (café). C'est avec la France que se fait la majeure partie du commerce de l'Algérie (86 p. 100 des importations, 72 p. 100 des exportations). Le total de nos échanges avec notre colonie monte à près de 700 millions. Il y a union douanière entre la France et l'Algérie.

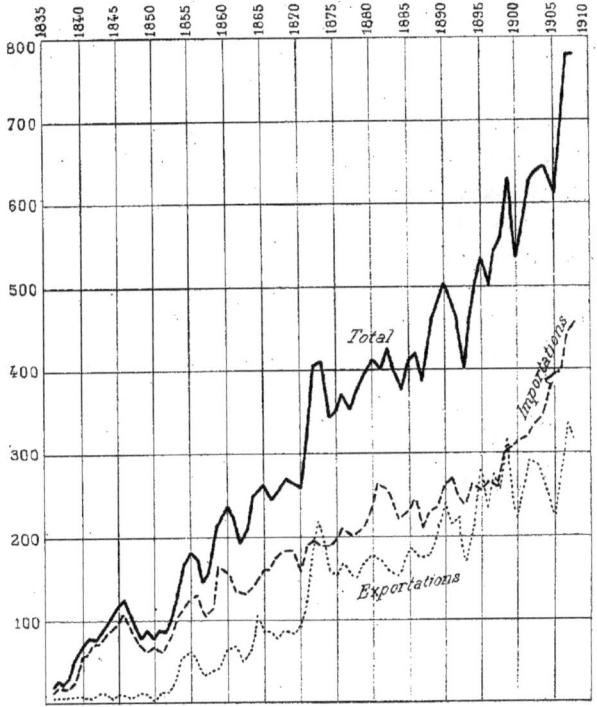

Fig. 16. — *Le commerce spécial de l'Algérie, depuis 1836.*
(*En millions de francs.*)

L'importance de ces chiffres classe l'Algérie au cinquième rang des pays avec lesquels la France est en rapports commerciaux, après le Royaume-Uni de Grande-Bretagne et d'Irlande, l'Allemagne, la Belgique, les États-Unis, mais avant la Suisse et l'Italie. L'Algérie nous achète pour 400 millions de francs de marchandises : seules l'Angleterre, la Belgique et l'Allemagne sont pour nous de meilleurs clients. Les sacrifices faits sur la terre d'Afrique depuis soixante-quinze ans n'ont donc pas été vains.

Le trafic de l'Algérie pourrait être considérablement développé par la vente directe des produits agricoles méditerranéens aux pays du Nord, dont le climat est très différent de celui de l'Algérie, notamment à l'Angleterre, à la Belgique et à l'Allemagne, où les produits similaires italiens et espagnols trouvent une clientèle nombreuse, mais où les produits algériens, plus soignés et plus fins, seraient assurés d'un large débouché.

Les grands ports algériens, Oran, Alger, Philippeville et Bône, sont unis à Marseille, à Cette et à Port-Vendres par des services réguliers qui assurent en un ou deux jours une traversée variant de 650 à 1.100 km. (Marseille-Alger, 26 h., 750 km.).

Plusieurs câbles transméditerranéens assurent les relations télégraphiques entre la colonie et la métropole.

CHAPITRE V

LES PRINCIPALES RÉGIONS DE L'ALGÉRIE

Le morcellement de l'Algérie. — La plaine d'Oran. — Les hautes plaines de l'Oranie. — L'Ouarsenis, la vallée du Chélif, le Sersou. — La plaine d'Alger. — Les hautes plaines de Médéa et d'Aumale. — Les Kabylies. — La plaine de Bône. — Les hautes plaines orientales. — La région de l'Aurès. — Les Hauts-Plateaux.

LE MORCELLE-
MENT
DE L'ALGÉRIE.
L'intervention européenne a profondément modifié non seulement l'allure économique, mais l'aspect même de la plus grande partie de l'Algérie. Les régions naturelles qui se juxtaposent dans ce pays extrêmement morcelé ont pris une individualité nouvelle, dans la constitution de laquelle sont intervenus les éléments indigènes et immigrés.

Il y a de très grandes différences non seulement entre la vie du Tell et la vie des steppes, mais entre la vie du Tell oranais et la vie du Tell constantinois, entre l'activité de la Mitidja et l'activité de la haute plaine médéenne. D'ailleurs les difficultés de communication d'Ouest en Est, ainsi que la faible étendue du Tell en profondeur, ont favorisé surtout les relations entre les ports et les régions voisines de l'intérieur. Au point de vue économique comme au point de vue politique, c'est perpendiculairement au littoral que les cloisons se sont dressées : Biskra est solidaire de Constantine et de Philippeville beaucoup plus que de Laghouat ou d'Aïn-Sefra.

Les nombreux compartiments algériens ont donc chacun leur physionomie propre, que le climat, le sol et l'homme ont contribué à établir.

LA PLAINE D'ORAN. Sous le nom de Plaine d'Oran, l'on peut désigner la région que limitent le Dahra, les monts des Beni-Chougran et du Tessala. Sa façade maritime offre les deux beaux Golfes d'Oran et d'Arzeu, encadrés par de petits massifs schisteux. Derrière ces premiers pointements de l'Atlas tellien, la plaine proprement dite, amorce de la grande dépression sublittorale algérienne, se divise en trois compartiments : dépression de la Sebkha, dont le fond est occupé par un lac sans écoulement qui doit sa salure à des terrains gypso-salins — plaines du Sig et de l'Habra, dont les riches alluvions sont parfois encore un peu marécageuses.

L'humidité du sol en certains bas-fonds fait contraste avec la nudité générale des roches environnantes, auxquelles s'accrochent seulement quelques touffes de cactus, d'aloès et de lentisques : moins arrosée par les pluies que les autres régions littorales de l'Algérie, l'Oranie maritime offre des paysages déjà nettement africains.

Pour remédier à cette sécheresse atmosphérique, l'on fût amené en 1865 et en 1880 à construire, au débouché des rivières dans la plaine, les grands barrages de l'Habra et du Sig (30 et 18 millions de m^3).

C'est au pied des montagnes que s'étaient créés, de 1845 à 1858, quelques-uns des principaux centres de colonisation européenne, Saint-Denis du Sig, Sainte-Barbe du Tlélat, Relizane, Perrégaux, bientôt entourés de vignobles, de vergers et de champs de céréales. D'autres gros villages étaient semés vers la même époque au nord de la plaine, d'Oran au Chélif : Arcole, Valmy, Fleurus,

Saint-Cloud, Kléber, Rivoli, etc. Aujourd'hui, la Plaine d'Oran est une des principales régions algériennes de colonisation agricole : on y dénombre 50.000 cultivateurs européens. Ces colons sont en très grande partie espagnols; certaines villes, Saint-Denis du Sig, Mostaganem et Oran par exemple, comptent plus d'Espagnols que de Français.

La Plaine d'Oran a trois débouchés maritimes : Mostaganem (20.000 hab.), ville à moitié indigène, dont le port est insuffisamment protégé ; — Arzeu, excellent abri naturel ; — Oran, la seconde ville de l'Algérie.

Occupée presque sans interruption par les Espagnols de 1509 à 1792, Oran n'avait que 4.000 hab. en 1832 ; elle en a maintenant plus de 100.000, dont 16.000 musulmans seulement et 10.000 Juifs. C'est une grande ville européenne, péniblement construite sur trois plateaux étagés que raccordent des pentes extrêmement raides. Le port de 25 ha., délimité par deux grandes jetées, progresse considérablement (entrées et sorties : 4 millions et demi de tx. en 1907); les vins, le bétail, les céréales et l'alfa alimentent son exportation. Non seulement Marseille et Port-Vendres, mais aussi Carthagène et Tanger, sont en relations de plus en plus fréquentes avec la capitale de l'Oranie.

LES HAUTES PLAINES DE L'ORANIE. L'écartement des plissements de l'Atlas tellien, au voisinage du Maroc, a donné une importance particulière aux hautes plaines de l'Oranie, dont la production agricole contribue à grossir le trafic maritime d'Oran.

La Plaine de Tlemcen (400 m. d'altitude moyenne) est une dépression qui prolonge la plaine marocaine des Angad ; les rivières, Tafna, Isser, y coulent assez longtemps d'Ouest en Est ou d'Est en Ouest, avant de franchir par des cluses sauvages le massif des Traras. Adossée au dernier gradin du massif qui porte son nom, Tlemcen (830 m. d'altitude) domine la plaine; abritée des vents du Sud, ouverte aux souffles marins, elle dut à la fraîcheur de ses

Cliché du Vérascope Richard.
Fig. 17. — *Dans une rue de Tlemcen*.

magnifiques vergers son nom romain de « Pomaria » ; la « Grenade africaine » fut à la fin du moyen âge une grande capitale berbère, qui compta jusqu'à 125.000 hab. ; aujourd'hui ce n'est plus qu'une charmante petite ville de 25.000 âmes (15.000 musulmans [fig. 17], 5.000 Juifs, 5.000 Européens), où subsistent de beaux spécimens de l'art arabe. Tlemcen attend encore la voie ferrée qui, perçant les Traras, lui ouvrirait de faciles communications vers le littoral, vers Nemours ou Rachgoun ; c'est à Oran que mène son chemin de fer, par Sidi-bel-Abbès.

La Plaine de Sidi-bel-Abbès, qu'arrose la Mékerra (appelée plus bas le Sig), est une des régions les plus complètement colonisées de l'Algérie; les céréales surtout, mais aussi la vigne et l'olivier font sa prospérité, à laquelle a puissamment contribué l'immigration espagnole. Les principaux marchés sont d'origine française; de 1843 date Sidi-bel-Abbès, où l'on dénombre 25.000 hab., dont 13.000 Espagnols, et 5.000 Français seulement.

Moins favorisée que sa voisine, la Plaine de Mascara (ou d'Éghris) doit sa sécheresse et sa faible valeur agricole à l'écran des Monts Beni-Chougran, qui intercepte les vents pluvieux; c'est un pays d'Arabes nomades, où les villages de colonisation se sont peu développés, et dont les vins blancs sont la principale richesse. Un moment capitale d'Abd-el-Kader, Mascara renferme aujourd'hui près de 20.000 hab., autant d'Européens que d'indigènes : un embranchement la relie à l'importante voie ferrée, qui par les montagnes gagne, dans une région fertile, la dernière ville tellienne de l'Oranie, Saïda (6.500 hab., dont 4.500 Européens), puis s'enfonce à travers les steppes du Sud et les déserts de l'Extrême-Sud.

L'OUARSENIS, LA VALLÉE DU CHÉLIF, LE SERSOU. Le grand soulèvement de l'Ouarsenis a ses pentes inférieures couvertes de forêts de chênes verts, de cèdres et de pins, dont les clairières recèlent à mi-côte quelques villages indigènes. La colonisation européenne, qui n'avait guère à mordre sur ce sol montagneux et ingrat, s'est répandue autour du massif, dans la vallée du Chélif et sur les plateaux du Sersou.

L'étroite vallée du Chélif, dominée par les massifs de l'Ouarsenis et du Dahra, se trouve malheureusement abritée des vents marins, et de plus soumise à une forte évaporation ; la sécheresse extrême, la chaleur des étés, font de cette région tellienne un véritable coin du Sahara. Les indigènes y vivent misérables sous des gourbis ou des tentes ; les colons y végéteront tant que l'irrigation n'y sera pas méthodiquement pratiquée. Sur le Chélif, dont les eaux jaunâtres s'écoulent entre de hautes berges terreuses, Orléansville, créée en 1843, ne compte que 3.500 hab., en majorité européens. Plus favorisée par le climat, Miliana (4.000 hab., dont 1.800 musulmans), ancienne ville romaine et berbère accrochée aux flancs du Zaccar, domine la vallée à 740 m. d'altitude ; ses coteaux fournissent des vins rouges appréciés, mais le chemin de fer passe au-dessous d'elle, au gros bourg d'Affreville, qui tend à lui enlever son importance commerciale. Le long couloir du Chélif n'a d'ailleurs de débouché maritime qu'à ses deux extrémités ; le Dahra rend difficiles les communications entre Orléansville et le petit port de Ténès, entre Miliana et le port de Cherchell.

L'Ouarsenis domine au Sud les Plateaux du Sersou, vaste nappe d'alluvions, qui s'étendent à 1.000 m. d'altitude, et qu'arrosent suffisamment les ruisseaux nourriciers du Nahr-Ouassel, ainsi qu'à l'Ouest les vents pluvieux amenés par le couloir de la Mina. Il y a là une région intermédiaire entre le Tell et les steppes, région de culture et d'élevage dont l'ancienne prospérité est attestée par de nombreuses ruines romaines; quelque avenir y paraît réservé aux villages de colonisation créés depuis 1887. Mais les communications sont encore insuffisantes : à l'Ouest, le chemin de fer de Mostaganem s'arrête à Tiaret (6.000 hab., pour moitié européens), centre militaire et commercial heureusement situé ; au centre, une route seulement mène à travers l'Ouarsenis de Teniet-el-Haad à Affreville ; à l'Est, le gros marché de Boghari est à 40 km. de

Berrouaghia, terminus actuel du futur chemin de fer d'Alger à Laghouat.

LA PLAINE D'ALGER. — Alger (fig. 18) se trouve resserrée entre la mer et les escarpements rapides d'un petit massif schisteux de 400 m., le Bouzaréa, qu'entourent les

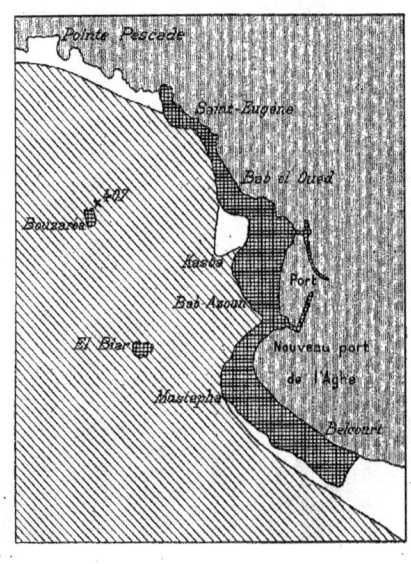

Fig. 18. — *L'agglomération algéroise.*

collines du Sahel ; au Sud, le Sahel s'abaisse par une pente douce vers la grande Plaine de la Mitidja, couverte d'alluvions anciennes et récentes. Sahel et Mitidja peuvent être réunis sous la commune appellation de Plaine d'Alger.

Il n'y a pas dans toute l'Algérie de région plus exceptionnellement fertile et riante que cet ensemble formé par les ondulations molles et douces du Sahel, par les terres profondes et riches de la Mitidja.

La colonisation s'y porta très vite ; dès 1835, les premiers centres européens se créaient aux portes d'Alger :

Cliché Lévy.

Fig. 19. — *Une ruelle de la Casba.*

Hussein-Dey, Birmandreis, El Biar. Bientôt naissaient Saint-Eugène, Guyotville, Koléa, Castiglione, Bouzaréa, Chéraga. En 1845, tout le Sahel était couvert de villages agricoles, qui pour la plupart sont devenus des bourgs prospères.

La Mitidja fut un peu plus longue à peupler ; les marais pestilentiels — comme le lac Alloula — qui en couvraient la plus grande partie, ne disparurent qu'après avoir fait de trop nombreuses victimes; dès 1835 se fondait néanmoins Boufarik, puis vinrent Maison-Carrée, Fort-de-l'Eau, Rouiba, L'Arba, Mouzaïaville, Marengo ; vers 1858, la Mitidja était entièrement colonisée. Le tiers de la population rurale européenne de l'Algérie, près de 70.000 colons, se trouve aujourd'hui concentré dans le Sahel et la Mitidja, sans compter les citadins établis au fond de la plaine dans la coquette petite ville des orangers, Blida (8.000

Fig. 20. — *Panorama d'Alger.*

Européens, sur 17.000 hab.), sans compter la population de la grande ville européenne qu'est Alger.

L'ancien « Icosium » romain, devenu l' « El Djezaïr » musulman, s'était établi, comme presque tous les ports maghrébins, à l'abri d'un éperon montagneux capable de protéger sa rade contre les mauvais vents du Nord-Ouest. C'est sur les dernières pentes du Bouzaréa qu'Alger étagea ses premières ruelles en escaliers ; tout autour de la vieille « Casba » indigène (fig. 19), l'occupation française a créé des quartiers européens, qui de Saint-Eugène à Hussein-Dey présentent une étroite façade maritime de 10 km. de long. Alger, que peuplent aujourd'hui 110.000 Européens, 33.000 musulmans et 12.000

Juifs, est une des plus belles villes de la Méditerranée ; les magnifiques boulevards qui dominent le port (fig. 20 et 21), les ombrages et les villas de Mustapha en sont le principal ornement.

Capitale politique et administrative de l'Algérie, station de tourisme hivernal, Alger est le principal centre économique du Maghreb ; son port, amélioré par des jetées

Photo H. Busson.
Fig. 21. — *La transformation d'Alger : Grande Mosquée et Palais Consulaire.*

protectrices, offre 3 km. de quais aux navires qui viennent y embarquer les vins, le bétail, les oranges, les primeurs, les minerais ; le Dahra et le Djurdjura ne laissent guère d'autre débouché possible, entre Mostaganem et Bougie, aux produits de l'intérieur. En outre, l'admirable position d'Alger sur la route de l'Océan Atlantique à la Mer Rouge en fait un port de relâche chaque année plus fréquenté ; par son tonnage général de jauge (14 millions de tx en 1907), Alger se placerait parmi les ports français immédiatement après Marseille (15 millions de tx.), et bien avant le Havre (8 millions).

LES HAUTES PLAINES DE MÉDÉA ET D'AUMALE. Par suite du rapprochement progressif des plissements de l'Atlas, les hautes plaines de l'Algérie centrale sont déjà beaucoup plus resserrées que celles de l'Oranie. La dépression sublittorale, que jalonnent à l'Ouest la Plaine d'Oran et la vallée du Chélif, se continue par le Bassin de Médéa et par la Haute Plaine des Arib, à laquelle on peut rattacher la dépression d'Aumale.

Le long des gorges de la Chiffa le chemin de fer d'Alger et de Blida atteint péniblement Médéa, ancienne capitale du beylik de Titteri, aujourd'hui peuplée de 4.000 hab., pour moitié européens. A 900 m. d'altitude, la végétation n'offre plus rien de spécialement africain ; le sol riche et les sources nombreuses ont permis aux colons de développer leurs vergers, leurs cultures de céréales et leurs vignobles aux produits estimés.

Aumale, point stratégique créé en 1845, est entouré de champs de céréales et de pâturages où s'élèvent des chevaux barbes ; une route gagne la dépression de la Soummam, que suit le chemin de fer d'Alger à Bougie.

LES KABYLIES. De la Plaine d'Alger à la Plaine de Bône, le littoral est dominé par la région montagneuse des Kabylies : Kabylie du Djudjura ou Grande Kabylie, Kabylie des Babors ou Petite Kabylie, Kabylie de Collo.

La prédominance des terrains siliceux et l'abondance des pluies font des Kabylies un pays essentiellement forestier, où les cèdres, les genévriers, les chênes-zéens et surtout les chênes-lièges couvrent toutes les hauteurs. Les populations sédentaires que la crainte des conquérants y a rassemblées cultivent sur les pentes l'olivier, le figuier et la vigne, et dans les dépressions les céréales ; l'importance de l'eau est d'ailleurs telle dans l'Afrique du Nord que les Kabylies, malgré l'âpreté de leur relief, offrent à l'agriculture des conditions supérieures à celles des plaines insuffisamment arrosées.

Ainsi s'explique la forte concentration des indigènes dans la Grande Kabylie, où tous les pitons sont couronnés de

Cliché du Vérascope Richard.
Fig. 22. — *Dans un village kabyle.*

villages pittoresques et sales (fig. 22), où se pressent dans le massif central plus de 200 hab. au km². C'est la plus forte densité qui se rencontre en Algérie : si la colonie était partout aussi peuplée, on y compterait 60 millions d'habitants !

Une pareille fourmilière indigène, agglomérée sur un sol qui se vend à très haut prix, ne laissait guère de place à la colonisation ; pourtant, l'insurrection de 1871 fut suivie de confiscations qui permirent d'établir dans les vallées de l'Isser et du Sebaou un certain nombre de colons français, Alsaciens-Lorrains pour la plupart. Ménerville et Palestro sont de gros bourgs européens ; l'agglomération du Tizi-Ouzou ne compte que 1.500 hab., dont un millier d'Européens ; Fort-National, créé en 1857 à 900 m. d'altitude, pour dompter la Grande Kabylie, n'a qu'une population civile de 400 Européens ; le village de Michelet, merveilleusement situé sur la route du col de Tirourda, n'est qu'un centre administratif. Malgré le petit chemin de fer de Dellys, c'est vers Alger, par la grande ligne transberbérienne et par la ligne annexe de Tizi-Ouzou, que se porte presque toute l'activité économique de la Kabylie du Djudjura.

Les Kabylies des Babors et de Collo, riches en forêts, en mines de plomb, de cuivre et de fer, n'ont pas les belles vallées intérieures de la Grande Kabylie ; la population indigène y est beaucoup moins dense, et les villages de colonisation créés depuis 1872 s'y sont peu développés. Les voies de pénétration manquent aux petits ports de Djidjelli et de Collo; mais aux deux extrémités de la contrée les riches vallées de l'oued Sahel (Soummam) et de l'oued Safsaf, qui drainent vers Bougie et vers Philippeville les produits de toute la région, ont attiré de nombreux colons français.

Bougie (fig. 23), ancien repaire barbaresque admirablement posé sur une des plus belles baies de la Méditerranée, mais bloqué par les montagnards kabyles, n'avait plus en 1830 que 300 hab. La pacification définitive de ses turbulents voisins en 1871, la colonisation de sa belle plaine alluvionnaire propice aux oliviers, l'achèvement en 1889 du chemin de fer qui la rattache à la voie transberbérienne, ont amorcé son relèvement économique ; elle a aujourd'hui 10.000 hab., dont près de 5.000 Européens.

Philippeville, fondée en 1838 pour assurer les communications directes entre Constantine et la mer, est une ville d'aspect tout européen, qui compte 3.000 indigènes seulement sur 17.000 hab. Le mouvement du port de Bougie se chiffre par 800.000 tx. et celui de Philippeville par 1.200.000.

Cliché Molteni.
Fig. 23. — *Bougie*.

LA PLAINE DE BONE. Avec celles d'Oran et d'Alger, la Plaine de Bône est une des trois seules plaines maritimes qui présentent en Algérie un certain développement. Jadis couverte de marécages fiévreux, dont le Fetzara est un dernier témoin, cette riche plaine alluvionnaire coûta la vie à de nombreux colons, avant de se couvrir de vignobles et de cultures; vers 1848 commencèrent à naître les villages européens, dont les plus prospères devaient être Mondovi et Jemmapes; près de 10.000 colons agricoles sont installés aujourd'hui dans la région bônoise.

Héritière d'Hippone, Bône est une ville surtout européenne, où 8.000 musulmans et 1.500 Juifs coudoient près de 30.000 Européens, parmi lesquels on compte beaucoup plus d'Italiens que de Français. Menacé des envasements de la Seybouse, mais bien protégé des vents du Nord-Ouest par l'Edough, son port est de beaucoup le plus important de l'Algérie orientale (navires entrés et sortis, 1.500.000 tx en 1907) : on y embarque non seulement les céréales et les vins de la plaine, les bois des montagnes voisines, les minerais de fer d'Aïn-Mokra, mais aussi les bestiaux de Guelma et les phosphates de Tébessa; l'exploitation des gisements ferrugineux de l'Ouenza viendra bientôt accroître ce mouvement commercial.

LES HAUTES PLAINES ORIENTALES. — Les hautes plaines de l'Algérie orientale s'abaissent d'Ouest en Est, de Sétif (1.000 m.) à Constantine (650 m.) et à Guelma (250 m.). Généralement fertiles, plus ou moins propres à l'agriculture ou à l'élevage selon la tranche de pluie qu'elles reçoivent, elles offrent par leur climat relativement rigoureux et très sain des conditions particulièrement favorables aux immigrants européens.

La grande plaine nue de Sétif est par excellence la région algérienne des céréales. Dès 1853, les colons l'abordèrent; Bordj-bou-Arréridj (2.000 hab., dont 900 Européens) et Sétif (12.000 hab., dont plus de 4.000 Européens) en sont les grands marchés (fig. 24). Malheureusement, le Massif des Babors impose de longs détours pour gagner la côte en chemin de fer : il faut passer par Constantine pour atteindre Philippeville, ou franchir le défilé des Portes de Fer pour descendre dans la vallée de l'O. Sahel; une ligne directe de Sétif à Bougie remédierait à cette fâcheuse situation.

Constantine, comme Sétif, domine un pays froid et dénudé, que creusent quelques petits bassins aux terres rouges et caillouteuses. L'ancienne capitale numide, la riche « Cirta », occupe une situation extrêmement originale, sur une sorte de table rocheuse que des escarpements vertigineux limitent de presque tous les côtés; mais le ravin du Rummel (fig. 25), qui rendait jadis la ville imprenable, est aujourd'hui un obstacle à son développement normal. Si Constantine, avec ses 50.000 hab. (14.000

Cliché du Vérascope Richard.

Fig. 24. — *Jour de marché à Sétif*.

Français, 3.000 Italiens, 8.000 Juifs, etc.), reste un important centre administratif et stratégique, son rôle économique ne paraît pas devoir beaucoup grandir; l'avenir est maintenant aux villes ouvertes, situées sur les grandes routes maritimes ou fluviales.

Le bassin de Guelma comprend une série de dépressions étroites qui s'échelonnent le long de la Seybouse, et qu'un seuil de 600 m. seulement sépare de la Plaine de Bône;

son climat est moins rude que celui de Constantine et de Sétif. Sur les bons pâturages qui s'étendent de Guelma à la frontière tunisienne s'élève la meilleure race bovine de l'Algérie-Tunisie, la race de Guelma, de taille médiocre,

Cliché du Vérascope Richard.
Fig. 25. — *Le ravin du Rummel.*

mais dure à la fatigue et très apte à l'engraissement. Les deux grands marchés de bestiaux sont Guelma (7.000 hab., dont 3.000 Européens) et, près de la Medjerda, Soukharas (8.000 hab., dont 4.000 Européens). De belles fermes européennes se rencontrent dans cette région.

LA RÉGION DE L'AURÈS. L'Aurès, saharien par son versant méridional, n'offre par lui-même que des ressources insuffisantes à la colonisation; les maigres cultures de ses vallées peuvent à peine nourrir ses populations berbères (fig. 26). Mais au Nord le puissant massif, sur les pentes duquel s'étagent quelques belles forêts de cèdres, s'adosse à des plateaux qu'arrosent des eaux vives, et dont les alluvions conviennent aussi bien à l'agriculture qu'à

Photo H. Busson.
Fig. 26. — *Village de l'Aurès central.*

l'élevage; le rétrécissement de la zone des steppes dans l'Algérie orientale amène là, presque en contact, les cultures telliennes et les oasis sahariennes.

A l'ouest des villes romaines de « Lambæsis » et de « Thamugadi », dont subsistent encore des ruines magnifiques, les Français créèrent en 1844, à 1.000 m. d'altitude, un camp militaire qui par la suite devint Batna (3.500 hab., dont 2.500 Européens). Dans une position analogue était située, au nord-est de l'Aurès, la colonie romaine de « Thevesta »; c'est au milieu de ses ruines qu'a grandi la moderne Tébessa (6.000 hab., dont 1.200 Européens), à laquelle de riches gisements de phosphates de chaux (3 à 5 m. d'épaisseur ; teneur de 50 à 70 p. 100) ont donné une très grande activité.

De Bône à Tébessa, de Philippeville à Batna, deux voies ferrées viennent chercher les phosphates, les blés et les bestiaux. La seconde contourne l'Aurès pour gagner, par la

Photo H. Busson.

Fig. 27. — *La coupure d'El Kantara, vue du Sud.*

coupure d'El Kantara (fig. 27), l'oasis de Biskra, dont les confortables hôtels et les beaux jardins attirent pendant l'hiver de très nombreux touristes.

LES HAUTS-PLATEAUX. La colonisation n'a pu mordre encore que très peu sur les Hauts-Plateaux, voués par l'insuffisance des pluies à l'élevage du mouton ; tout au plus les eaux courantes de l'Ouarsenis et de l'Aurès ont-elles pu créer des conditions agricoles plus favorables dans le Sersou, dans la région de Batna et de Tébessa. Ailleurs, la seule exploitation possible est celle de l'alfa, qui occupe de vastes espaces dans les steppes rocailleuses de l'Oranie. Khalfalla, Le Kreider, Méchéria, sur le chemin de fer de l'Extrême-Sud oranais, doivent quelque activité soit à leurs alfatiers espagnols, soit à leurs garnisons.

Mais les Hauts-Plateaux ont surtout pour habitants des pasteurs indigènes (fig. 28), chez lesquels le nomadisme de

Cliché du Verascope Richard.
Fig. 28. — *Convoi de chameaux, dans les steppes.*

la tribu tout entière tend à faire place à la transhumance des troupeaux confiés à des bergers. La tribu elle-même, où la vie devient plus facile, et chez laquelle s'introduit un luxe tout relatif (emploi du sucre, des bougies, des allumettes, des lampes à pétrole) s'émiette de plus en plus : « l'individu tend à se dégager de la famille, comme la famille tend à se dégager de la tribu »[1]. La paix y gagnera, car les grandes insurrections deviendront ainsi plus difficiles.

1. Bernard et Lacroix. *L'évolution du Nomadisme en Algérie.*

CHAPITRE VI

DÉVELOPPEMENT ÉCONOMIQUE ET PRINCIPALES RÉGIONS DE LA TUNISIE

Les travaux publics. — La transformation agricole. — La pêche. — Les mines et l'industrie. — Le mouvement commercial. La Kroumirie. — La plaine de Tunis. — Le Sahel tunisien. — Les steppes du Sud.

LES TRAVAUX PUBLICS. L'outillage économique fut constitué beaucoup plus rapidement en Tunisie qu'en Algérie. C'est qu'à cinquante ans de distance, l'Europe était en 1881 à un stade beaucoup plus avancé de son développement industriel qu'en 1830, et que d'ailleurs, par sa double façade maritime, la Tunisie semblait offrir des conditions particulièrement favorables de pénétration et d'exploitation.

Plusieurs ports modernes ont été créés par des ingénieurs français. A Bizerte, sans parler du port de guerre, des installations ont été prévues pour un trafic commercial intense; Tunis, dont l'ancien débarcadère était à La Goulette, a été rendu directement accessible aux paquebots par le creusement d'un canal à travers sa sebkha ; Sousse et Sfax, au large desquels devaient jadis mouiller les navires, les voient maintenant accoster à quai.

A ces ports se rattachent des voies de communication de jour en jour plus développées. Les routes tunisiennes valent celles de l'Algérie. Le réseau des voies ferrées comprend une ligne littorale (de Bizerte à Tunis, Sousse et bientôt Sfax), ainsi que des lignes de pénétration dont les principales sont la grande voie transberbérienne Tunis-Maroc, et la grande boucle de Sousse à Sfax par Gafsa.

Comme en Algérie, l'aménagement des eaux demande des travaux importants ; les si nombreuses ruines d'aqueducs et de barrages construits par Carthage et Rome montrent l'exemple à suivre.

LA TRANSFORMATION AGRICOLE. Quelle qu'ait été l'activité déployée pour l'exécution des grands travaux publics, on peut dire que le développement de cet outillage est resté en deçà des besoins de l'agriculture et de l'exploitation minière.

Grâce à l'existence des bassins drainés par la Medjerda et du Sahel oriental, le sol tunisien renferme une plus forte proportion de terres fertiles que le sol algérien. L'irrigation, l'emploi des engrais phosphatés et l'usage des machines agricoles les plus perfectionnées ont rendu l'agriculture très prospère. Par des labours répétés en hiver et au printemps, c'est-à-dire à la saison des pluies, les colons ont appris à emmagasiner dans le sol une humidité qui devient précieuse au moment où germent les grains. Aussi les grands domaines tunisiens sont-ils de véritables fermes modèles ; l'expérience acquise en Algérie n'a pas été sans porter ses fruits dans le Protectorat voisin.

La Tunisie, qui fut dans l'antiquité le grenier à blé, et plus encore peut-être le réservoir d'huile de Rome, est restée avant tout le pays des céréales et de l'huile.

Le blé, l'avoine, l'orge sont cultivés sur de vastes espaces ; la France importe au total près de 50.000 t. de céréales tunisiennes.

Les olivettes se développent sans cesse, en même temps que s'améliorent les procédés de fabrication de l'huile. La Tunisie exporte en France 8.000 t. d'huile d'olives par an, tandis que l'Algérie n'en exporte que 5.000.

Comme en Algérie, la vigne, les cultures maraîchères et fruitières (figuier, oranger), la culture des dattiers dans les oasis du Sud, l'exploitation des forêts de chênes-lièges et des pâturages à alfa sont très importantes. L'élevage du mouton est pratiqué dans les steppes, celui du bœuf dans le Tell, et celui du chameau dans le Sud.

LA PÊCHE. — Les pêcheries ont pris ici une importance à laquelle ne saurait être comparée celle des pêcheries algériennes. On estime que la pêche fait vivre 60.000 personnes en Tunisie. Les principales pêcheries sont celles de l'anchois, de la sardine, du thon, de la langouste, des éponges et du corail.

LES MINES ET L'INDUSTRIE. — La Tunisie est en train de devenir un des grands producteurs miniers du monde. Sa richesse minière, découverte il y a quelques années à peine, est aujourd'hui très activement exploitée.

Les gisements de phosphates des environs de Gafsa fournissent dès maintenant près du tiers de la production mondiale, pour plus de 30 millions de francs en 1908.

Les minerais sont aussi très abondants : zinc, manganèse, et surtout fer. La caractéristique de ces mines est leur ampleur ; c'est par millions de tonnes qu'on évalue le minerai dès à présent reconnu.

Mais, comme en Algérie, la houille fait défaut, de sorte que les minerais ne peuvent être traités sur place et sont exportés à l'état brut. Pour la même raison, les seules industries tunisiennes sont les industries agricoles les plus élémentaires, et les industries d'art indigènes, auxquelles on s'efforce de donner un regain de vie par l'organisation d'un enseignement professionnel.

LE MOUVEMENT COMMERCIAL. — Par la mise en valeur des mines du Nord, des cultures de l'Est et des steppes du Sud, la Tunisie a vu son commerce extérieur faire des progrès considérables (fig. 29); d'environ 50 millions

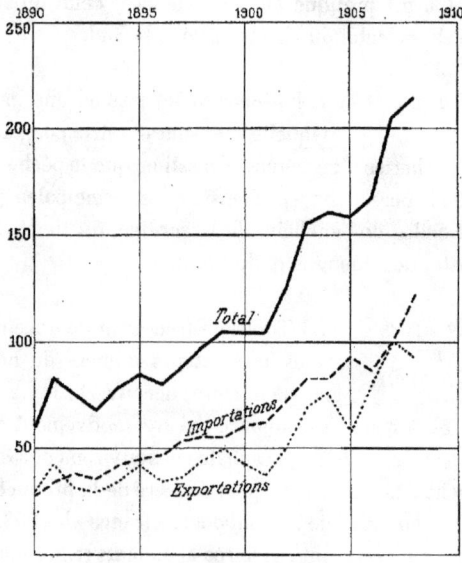

Fig. 29. — *Commerce de la Tunisie, depuis 1890 (En millions de francs).*

en 1889, il a passé à 217 en 1908. Les exportations, un peu moins élevées que les importations, consistent surtout en produits agricoles (céréales, huiles, vin, bétail, alfa, liège, dattes), en produits des pêcheries et en produits miniers. La Tunisie importe des objets fabriqués, de la houille, et des denrées coloniales de pays tropicaux. La part de la France et de l'Algérie dans le commerce de la Tunisie atteint sensiblement les 2/3. Les produits français entrent en franchise. Le gouvernement français détermine chaque année les quantités de produits tunisiens qui peuvent pénétrer librement en France.

C'est par Tunis et Bizerte que sont assurées les relations régulières et rapides avec Marseille (875 km., 35 heures depuis Tunis).

* *

LA KROUMIRIE. — Au nord de la Medjerda s'étend une région à laquelle on peut par extension attribuer le nom de Kroumirie. Les grès y prédominent; sur les flancs bien arrosés des massifs montagneux se dressent de grandes forêts de chênes zéens et de chênes-lièges, qui donnent lieu à d'importantes exploitations. Les vallées alluvionnaires de la Regba et de la Dakla (bassins successifs de la Medjerda), de Béja et de Mateur, produisent des céréales et des bestiaux, que les indigènes et les colons européens vendent aux grands marchés de Souk-el-Arba (1.500 hab.), de Béja (1.800 hab.) et de Mateur (4.000 hab.).

Toute cette région, longtemps protégée contre la pénétration européenne par la sauvagerie de ses montagnards, sollicite la colonisation non seulement par ses forêts et ses ressources agricoles, mais aussi par ses mines de fer, de cuivre, de plomb argentifère; c'est à son développement minier qu'elle doit sa voie ferrée des Nefsas à Mateur et Bizerte.

Délaissant le petit port de pêche de Tabarca, très prospère à l'époque romaine sous le nom de « Thabraca », le mouvement commercial se porte de plus en plus vers

Bizerte, ancienne ville phénicienne et mauresque complètement transforméé depuis l'occupation française (17.000 hab. dont 5.000 Italiens et 2.500 Français civils); l'accès du Lac de Bizerte (fig. 30) a été facilité aux grands navires de commerce et de guerre par l'approfondissement du canal naturel et la construction de jetées; le mouvement du port a atteint près de 600.000 tx. en 1907. Au fond du

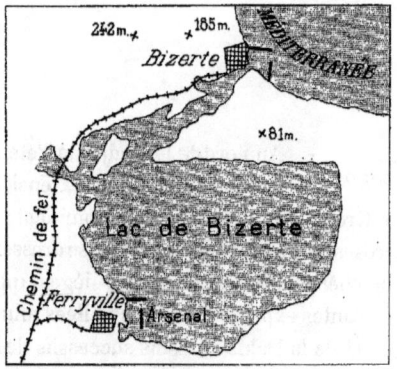

Fig. 30. — *Le lac de Bizerte.*

lac, à 23 km. S. de Bizerte, le grand arsenal maritime de Sidi-Abdalla a donné naissance à Ferryville, qui se développe rapidement.

LA PLAINE DE TUNIS. On peut désigner sous le nom de Plaine de Tunis l'ensemble formé par les deux plaines alluviales de la Medjerda et de l'O. Miliane, que séparent quelques petites collines; des lagunes maritimes et des lacs salés occupent une partie de ces dépressions. Ouverte aux influences climatiques du Sud comme à celles du Tell, la Plaine de Tunis aurait à souffrir de l'insuffisance des eaux pluviales si ses deux rivières et une nappe souterraine ne venaient y suppléer; un aqueduc construit en 1861, à l'imitation de l'aqueduc d'Hadrien, apporte en outre aux fermes et aux agglomérations urbaines l'eau du Dj. Zaghouan (fig. 31). Aussi les céréales, l'olivier et la vigne

Photo L. Marchand, communiquée par le Club Alpin Français.
Fig. 31. — *Zaghouan*.

prospèrent-ils; 15.000 colons européens sont installés déjà à côté de 30.000 cultivateurs indigènes.

Placée au contact du Tell et du Sahel, la Plaine de Tunis était faite pour donner naissance à une grande capitale, ville d'échanges entre l'arrière-pays et l'outre-mer. Carthage, presque isolée de l'intérieur et protégée des incursions barbares par la Sebkha bou Rouân, fut pendant quinze siècles une des reines de la Méditerranée; les Arabes la détruisirent de fond en comble à la fin du VIIe siècle, et plus tard la remplacèrent par Tunis, que son golfe à peu près fermé, l'El Bahira, mettait à l'abri des flottes chrétiennes. A tort ou à raison, la France a adopté la capitale musulmane, au lieu d'utiliser l'admirable site de Carthage (fig. 32).

Tunis n'a pas l'aspect pittoresque de Carthage ou d'Alger. La ville indigène, assez bien conservée (fig. 33), s'étage

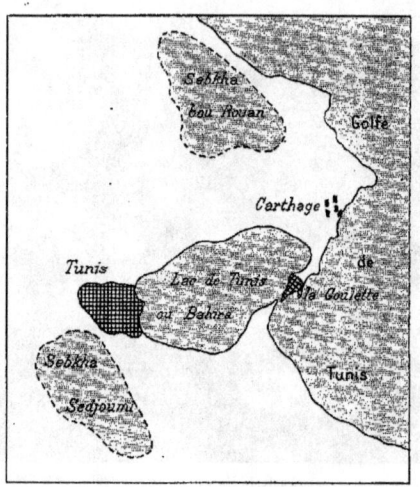

Fig. 32. — *Tunis et Carthage.*

sur un plan incliné qui descend en pente douce au Nord-Est vers l'el Bahira, et domine au Sud-Ouest la cuvette salée du Lac Sedjoumi; tout autour s'étendent les quartiers européens. Tunis est la ville la plus peuplée de l'Afrique française; elle compte près de 150.000 indigènes musulmans et 50.000 Juifs; mais sa population européenne (40.000 Italiens et 20.000 Français seulement) est beaucoup moins considérable que celle d'Alger. Grâce au nouveau port inauguré en 1893, Tunis a déjà un tonnage de 2.200.000 tx. (1907). Ce mouvement ne pourra que grandir lorsqu'aux céréales, aux vins et à l'huile d'olives apportés par les voies ferrées de Bizerte, de Souk-el-Arba et de Sousse viendront s'ajouter les minerais de fer et les phosphates de la Tunisie centrale, amenés par la ligne du Kef et par ses embranchements.

Photo H. Busson.

Fig. 33. — *Un carrefour de la ville indigène, à Tunis.*

LE SAHEL TU-NISIEN. La plaine littorale du Sahel est presque entièrement constituée par des terrains argilo-calcaires ou argilo-siliceux. Les collines à pentes douces sont coupées de dépressions qu'occupent parfois des sebkhas saumâtres. L'influence du désert se fait déjà sentir, mais le voisinage de la mer maintient quelque humidité (50 cm. de pluie vers Nabeul, 30 à Sfax).

C'est essentiellement le pays de l'olivier; les nombreuses ruines d'huileries romaines montrent que jadis presque toute la région comprise entre les Monts de Zeugitane et les chotts était couverte d'olivettes; bien que ces plantations aient le gros inconvénient de commencer à produire vers la dixième année seulement, et de n'entrer en plein rapport que vers la vingtième, l'occupation française a déjà amené la renaissance de la culture et de l'industrie des olives.

Presque toutes les villes du Sahel sont construites sur l'emplacement de villes phéniciennes ou romaines. Nabeul (7.000 hab.) est à 2 km. des ruines d'une « Neapolis ».

Cliché Lévy.

Fig. 34. — *A Sousse*.

Sur l'emplacement de la phénicienne « Hadrumète », Sousse (20.000 indigènes; 5.000 Européens, dont 1.500 Français) a vu se créer à côté de sa ville indigène une belle ville européenne (fig. 34); son port artificiel, achevé en 1899 (800.000 tx. en 1907), prendra un grand développement par l'exportation des phosphates de Sbiba. Mehdia (10.000 hab.) offre bien conservé un port antique, « cothon » rectangulaire creusé dans le roc vif. Les magnifiques ruines romaines de « Thysdrus » entourent le village d'El Djem. L'ancienne « Taparura », aujourd'hui Sfax, avec ses deux villes indigène et européenne (40.000 indigènes, 6.000

Européens, dont 1.600 Français), est la capitale du Sud ; son nouveau port, achevé en 1897, a reçu une vive impulsion (1.500.000 tx. en 1907) de l'exportation des phosphates de Gafsa.

Tous les ports du Sahel participent à la pêche côtière, qui attire une population flottante d'étrangers. A Sfax, la pêche des poissons, des poulpes et des éponges occupe 300 bateaux siciliens, 40 saccolèves grecques et 350 barques indigènes.

Outre ses services de navigation, le Sahel possède une voie ferrée qui de Tunis va bientôt gagner Sfax.

Photo H. Busson.

Fig. 35. — *Panorama de Kairouan.*

LES STEPPES DU SUD. Au sud de la Dorsale tunisienne s'étendent de vastes plaines, dont la monotonie est à peine interrompue par quelques chaînes montagneuses orientées généralement Ouest-Est. Les pluies sont insuffisantes pour l'agriculture, et les travaux hydrauliques des Romains, qui avaient permis la multiplication des oliviers, n'ont pas encore été repris ; l'herbe courte et rare ne convient guère qu'à l'élevage du mouton.

C'est dans ce pays, qui par une transition insensible mène au désert, que les conquérants arabes avaient trouvé des conditions favorables à leurs habitudes nomades, et qu'ils avaient créé leur première capitale maghrébine, Kairouan. Dépossédée de sa suprématie politique par Tunis, Kairouan (fig. 35) a gardé jusqu'à nos jours sa suprématie religieuse; c'est peut-être la ville la plus purement indigène de toute la Berbérie française; elle ne compte que quelques centaines d'Européens à côté de ses 20.000 musulmans.

Il ne semble pas que le Sud Tunisien offre, en dehors du littoral, des perspectives agricoles à la colonisation européenne. Mais les très riches gisements de phosphates sont destinés à susciter une vie économique nouvelle : le chemin de fer de Sfax à Gafsa et Metlaoui leur est dû, comme leur est dû le prolongement sur Sbiba et Henchir-Souatir du chemin de fer de Sousse à Kairouan.

CHAPITRE VII

LE SAHARA

L'Afrique française.
Le Sahara. — Le sol. — Le relief. — Le littoral. — Le climat. — Les eaux courantes. — Les végétaux. — La faune. — Les minéraux utiles. — Les habitants. — La pénétration française. — L'exploitation agricole. — Les principaux groupes d'oasis. — Le commerce.

L'AFRIQUE FRANÇAISE. Au sud de l'Algérie-Tunisie, la France possède d'immenses colonies qui permettent d'aller, sans quitter le territoire français, d'Alger au Sénégal, au Dahomey, au Congo : il y a là un domaine d'environ 8 millions de km², dont la géographie n'a commencé à être connue dans ses grands traits qu'à la fin du xix° siècle, et qui présente une très grande variété de structure, de climat, de productions.

De la région de l'Atlas et de la Méditerranée orientale à l'équateur, le climat permet de reconnaître successivement trois larges zones (fig. 36) : une zone de déserts, le Sahara ; — une zone de savanes tropicales, le Soudan ; — une zone équatoriale forestière, la Guinée et le Congo.

C'est d'ailleurs par une transition lente qu'on passe d'une zone à l'autre ; il est aussi difficile d'assigner des limites précises à la zone soudanaise du côté saharien que du côté de la forêt équatoriale.

LE SAHARA. Le Sahara s'étend de l'Océan Atlantique à la Mer Rouge. C'est une barrière qui sépare le monde méditerranéen de l'Afrique véritable.

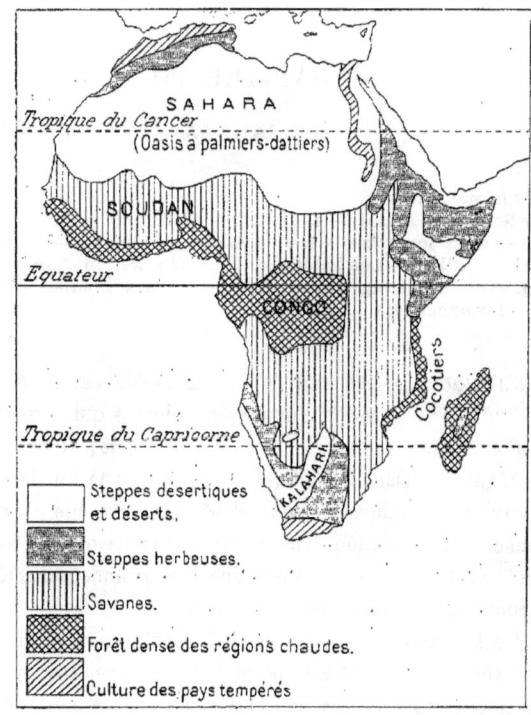

Fig. 36. — *Les zones de végétation en Afrique.*

Au Nord, l'Atlas Saharien lui sert de borne naturelle; au Sud, il se termine approximativement au 16° lat. N., mesurant ainsi 4.500 km. environ du Nord au Sud.

On s'est fait pendant longtemps du Sahara une idée absolument fausse. Comme on ne connaissait du Sahara que les abords septentrionaux, qui se trouvent occupés en grande partie par les sables, on croyait que le Sahara était une vaste plaine sablonneuse, un ancien fond de mer, presque uniformément bas ; or, le Sahara se présente sous des formes très diverses.

Cliché du Vérascope Richard.
Fig. 37. — *La désagrégation des roches, au Sahara.*

LE SOL DU SAHARA. Sur l'emplacement du Sahara actuel se sont édifiées dans le passé de vieilles chaînes de montagnes, aujourd'hui à peu près complètement disparues et recouvertes par des formations plus récentes.

De nos jours trois grandes régions géologiques apparaissent dans le Sahara [1] : au Nord, une région tabulaire de hammadas (plateaux), constituée surtout par des cal-

1. Paul Lemoine. *Résultats géologiques de la Mission Gautier et Chudeau dans le Sahara* (La Géographie, 1908).

caires crétacés; au centre, une région de terrains anciens, dont les plis sont d'âge calédonien; au Sud, des sédiments gréseux, argileux et calcaires, qui se sont déposés depuis le début de l'âge crétacé jusqu'à la fin de l'ère tertiaire.

Le relief saharien présente un aspect de désolation profonde, il semble comme enseveli sous ses propres ruines. Les roches sont constamment désagrégées (fig. 37) par les

Fig. 38. — *Dunes sahariennes.*

changements brusques de température; leurs débris, qui ne peuvent être, comme dans les régions bien arrosées, entraînés par les eaux, s'accumulent au pied des montagnes, dans les dépressions et sur les plateaux; les fragments les plus menus, transportés par le vent, forment des dunes de sable (fig. 38), ou contribuent par leur frottement à modifier l'aspect des roches subsistantes.

Les grands amas de dunes, « erg, iguidi », entre lesquelles s'allongent d'étroits sillons, « feidj, gassi », n'occupent d'ailleurs pas une très grande place au Sahara, non plus que les plaines horizontales, « reg », couvertes de gravier malgré leur origine alluvionnaire.

LE RELIEF DU SAHARA. Si les formes de relief les plus diverses se trouvent représentées dans le Sahara, ce qui domine incontestablement, ce sont les plateaux, « hammada, tassili », plateaux pierreux, à peu près horizontaux, aux rebords abrupts. Toute l'ossature du Sahara septentrional est ainsi constituée par les deux plateaux de Tad-

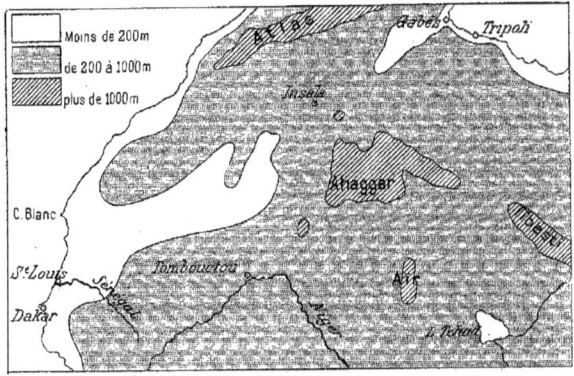

Fig. 39. — *Le relief du Sahara (d'après R. Chudeau).*

maït et de Tinghert, dont les différents étages s'inclinent en pente douce vers le Nord, mais retombent brusquement vers le Sud par des falaises à pic, « baten, kreb ».

Il y a au Sahara quelques profondes dépressions, isolées d'ailleurs les unes des autres par des plateaux et des massifs montagneux (fig. 39). Les principales dépressions du Sahara français sont celle des chotts algéro-tunisiens, qui s'abaissent jusqu'à 31 m. au-dessous du niveau de la mer (Chott Melghir) ; — celle du Djouf, qui paraît avoir son point le plus bas vers Taoudéni (environ 120 m. au-dessus du niveau de la mer) ; — enfin celle du Bodelé, qui sans doute servait jadis de déversoir aux eaux du Lac Tchad.

Les montagnes du Sahara, dont l'altitude est encore mal connue, semblent culminer entre 2.000 et 3.000 m. Une grande dorsale saharienne traverse tout le désert, du Nord-Ouest au Sud-Est : ses principales protubérances sont le Massif de l'Ahaggar et les Monts du Tibesti. En dehors de la dorsale, les Monts de l'Aïr atteignent encore 1.800 m. Les régions montagneuses, quelque peu arrosées, sont au Sahara des centres de vie végétale et humaine.

Dans l'ensemble, l'altitude moyenne du Sahara semble approcher de 450 m.; elle serait donc supérieure d'un tiers à celle de l'Europe.

LE LITTORAL. A l'Ouest comme au Nord, la plate-forme saharienne diminue d'altitude et se termine par une plaine basse. Aussi les côtes sont-elles très médiocres.

La côte saharienne atlantique est bordée de dunes du côté de la terre et de bas-fonds du côté de la mer (tel le Banc d'Arguin). Quand elle s'élève, c'est pour former des falaises blanchâtres comme celles du Cap Blanc.

LE CLIMAT. On s'est longtemps représenté et l'on représente souvent encore le Sahara comme un pays continuellement chaud et absolument sec. C'est oublier que si le Sahara a de très fortes chaleurs, il connaît également les basses températures et même la gelée ; c'est oublier aussi que, dans les montagnes sahariennes, éclatent parfois des orages qui déversent sur le sol des masses d'eau suffisantes pour noyer des moutons ou même des chameaux.

Mais, ces réserves faites, ce qui caractérise dans l'ensemble le climat du Sahara, c'est bien la grande sécheresse (fig. 40), sauf dans les régions montagneuses où les pluies, tout en étant assez abondantes, sont très irrégulières, — et c'est aussi l'extrême amplitude des variations de température (fig. 41).

La sécheresse proverbiale de la majeure partie du Sahara

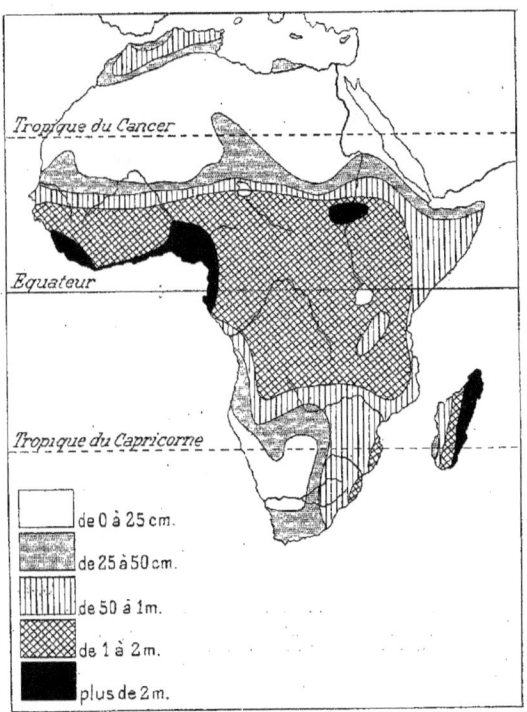

Fig. 40. — *Carte des pluies en Afrique.*

tient au régime des vents. En hiver, le Sahara refroidi est un centre d'émission des vents, qui sont par conséquent d'origine continentale et ne peuvent véhiculer de vapeurs. En été, le Sahara, surchauffé par le soleil du tropique, est un foyer d'appel des vents venus de la Méditerranée ou de l'Atlantique. Mais ces vents s'échauffent à mesure qu'ils s'avancent à l'intérieur des terres; l'air s'éloigne de son point de saturation, et les vents, au lieu de rester humides,

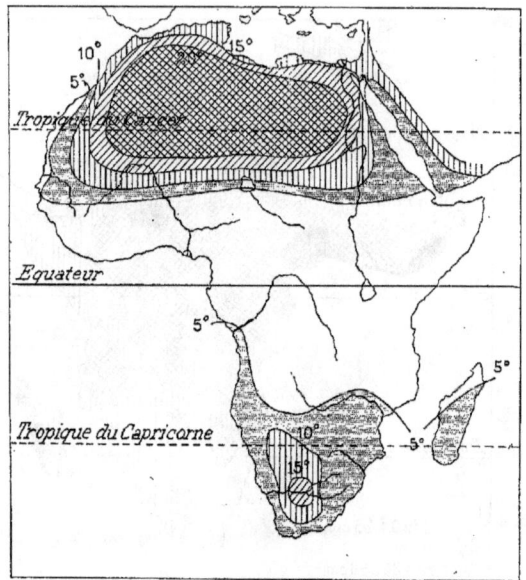

Fig. 41. — *Zones d'égale amplitude des températures en Afrique.*
Les chiffres indiquent la différence des températures moyennes du mois le plus chaud et du mois le plus froid.

deviennent desséchants. Seules, les montagnes provoquent parfois la condensation des vapeurs; mais les pluies qui en résultent sont très irrégulières, et l'eau est presque immédiatement absorbée par un sol asséché.

L'absence de brouillards ou de nuages et la pureté de l'air ont pour conséquence un rayonnement et une insolation également intenses. Aussi les variations de température sont-elles très grandes non seulement de l'été à l'hiver, mais aussi du jour à la nuit. Le thermomètre s'abaisse pendant la nuit jusqu'au voisinage de 0°, ou même au-dessous de 0°; pendant le jour il peut monter à 40° ou 50° à l'ombre, et à 70° au soleil.

LES EAUX COURANTES. Le Sahara n'a pas d'eaux courantes superficielles, en dehors des régions montagneuses. Le peu d'eau tombé à la surface s'infiltre immédiatement dans le sol poreux et contribue à entretenir des nappes souterraines, ainsi préservées de l'évaporation.

A l'époque quaternaire, il existait sans doute près de Tombouctou, et peut-être ailleurs aussi, des mers ou lacs intérieurs analogues à ceux du Turkestan; des fleuves s'y jetaient, qui arrivèrent à les combler par leurs alluvions, et dont certaines sections se laissèrent ensuite capter par des cours d'eau tributaires de l'Océan. Ce sont les parties mortes de ces vallées fluviales, obstruées progressivement par les sables, qui déterminent l'existence de quelques grands erg sahariens [1].

Si des lits de rivières se dessinent aujourd'hui sur la carte du Sahara, il ne faut voir là que les vallées de fleuves devenus souterrains. Les principaux de ces oueds asséchés sont l'O. Saoura, issu de l'Atlas marocain, — l'O. Igharghar, venu de la dorsale saharienne et qui tend vers les chotts tunisiens, — l'O. Azaouaq, qui portait jadis au Niger les eaux de l'Aïr.

LA VÉGÉTATION. Le climat du Sahara fait de ce pays un désert. La vie végétale y est, d'une façon générale, réduite au minimum; elle a dû s'adapter aux conditions climatériques, notamment à la sécheresse : les

---

1. Gautier. *Sahara Algérien.*

buissons de retem sont aphylles (sans feuilles), le drinn est une herbe sèche et dure dont le chaume sert à la nourriture des troupeaux, et les graines à celle de l'homme.

Le Sahara est d'ailleurs loin d'offrir uniformément les mêmes aspects végétaux. On peut y distinguer trois grandes zones : la zone septentrionale des grands Erg (Erg Occidental, Erg Oriental, Erg d'Iguidi, Erg Echache) et

Photo H. Busson.
Fig. 42. — *Une vallée saharienne de l'Aurès : l'oued el Abiod.*

des Hammada subatliques, — la zone centrale des Hauts Reliefs à températures relativement basses, — la zone méridionale des Dunes et des Steppes Nigériennes[1]. Chacune de ces zones a ses caractères propres, et offre à la vie humaine des ressources différentes. Le vrai désert, complètement dénué de toute végétation, vraiment inhabitable même aux nomades, n'occupe qu'une petite partie du Sahara : on le désigne sous le nom de « Tanezrouft » et de « Tiniri ».

1. Vélain. *Etat actuel de nos connaissances sur la géographie et la géologie du Sahara.*

La sécheresse étant la seule cause de la nature désertique du Sahara, partout où l'eau se trouve la vie renaît, l'oasis se crée. Dans les montagnes, il suffit de canaliser et de répartir l'eau courante ; en dehors des régions montagneuses, il faut amener au jour l'eau souterraine par des puits ou des rigoles en pente douce, « foggaguir ». L'irrigation fait croître dans les oasis les palmiers-dattiers, qui prospèrent seulement « le pied dans l'eau ». A l'ombre des dattiers se cultivent les céréales, les légumes, et même les arbres fruitiers (orangers, figuiers, grenadiers) : c'est tout un petit monde de fraîcheur, d'ombre et de verdure, qui forme un contraste saisissant avec la nudité des immensités désertiques ou des escarpements montagneux (fig. 42).

LA FAUNE. — Les animaux du désert se sont, comme les plantes, adaptés à la sécheresse et aux écarts de température. On ne trouve au Sahara que des espèces capables de supporter la soif : le mouton, la chèvre, le chameau surtout, — ou des animaux coureurs qui se déplacent rapidement : le lion, la gazelle, l'antilope, l'autruche. Les reptiles et les scorpions sont nombreux.

LES MINÉRAUX UTILES. — Les ressources minérales du Sahara sont très mal connues. La seule sur laquelle on soit bien renseigné est le sel, accumulé soit dans le fond des sebkhas ou des chotts, soit dans le sol sous forme de sel gemme. C'est une ressource d'autant plus précieuse que ce condiment de première nécessité fait défaut dans les régions limitrophes du Sud, au Soudan, et que la sécheresse de l'air en rend le transport à dos de chameau relativement facile. Les trois grandes salines du Sahara sont celles de Taoudéni, de Téguidda et de Bilma.

LES HABITANTS. Un pays de climat aussi peu favorable et présentant des ressources aussi médiocres ne saurait avoir une population nombreuse. On estime qu'il n'y a pas 1 million d'hab. dans le Sahara français.

C'est naturellement dans les oasis que la population est le plus dense, tandis qu'elle est extrêmement clairsemée dans le « désert ».

Les habitants des oasis sont des agriculteurs sédentaires, qui demeurent dans des villages formés de maisons en argile. Parmi eux figurent de nombreux nègres, arrachés jadis au Soudan, et dont l'introduction a procuré aux oasis une main-d'œuvre indispensable sous un climat peu favorable à l'activité de la race blanche. On désigne sous le nom de « harrâtines » les descendants d'anciens esclaves nègres.

En dehors des oasis, les habitants du désert sont des pasteurs nomades, qui vivent sous la tente, et exploitent de leur mieux les populations sédentaires. Ces nomades appartiennent à trois principaux groupes : les Arabes ; — les Touareg, qui se rattachent aux Berbères ; — les Tibbou, apparentés aux nègres.

Parmi les principaux groupes arabes on compte, dans le Sud-Algérien, les Oulad Sidi Cheikh, et, métissés de Berbères, les Châmba.

Les principales confédérations touareg sont : au Nord-Ouest les Hoggar, dont le point d'appui est le massif de l'Ahaggar; au Nord-Est les Azdjer; au Sud-Est les Iforas et les Oulliminden.

Au voisinage de l'Atlantique et du Niger, le Sahara méridional est occupé par des Maures nomades, mêlés de Berbères, d'Arabes et de nègres ; leurs principales tribus sont les Kountas, près de Tombouctou, les Traras et les Braknas, près du Sénégal.

Toutes les populations sahariennes professent la religion musulmane ; la secte fanatique des Senoussi paraît avoir parmi elles de nombreux adeptes.

LA PÉNÉTRA-TION FRANÇAISE. — Jusqu'à ces dernières années, la lutte était incessante dans tout le désert, entre le nomade belliqueux, pillard, et le cultivateur sédentaire, de mœurs pacifiques. Si la France a été amenée à occuper la zone d'influence qu'elle s'était fait reconnaître par ses traités avec l'Angleterre et l'Espagne, c'est pour protéger contre les incursions des nomades ses sujets de l'Algérie méridionale et du Soudan septentrional.

On s'était pendant longtemps exagéré le nombre et la puissance des nomades sahariens. Après avoir mis la main en 1844 sur Biskra, la France attendit jusqu'à la fin de 1899 pour occuper Insala, le principal centre de ravitaillement de ces Touareg qui avaient massacré tant d'explorateurs européens (Flatters en 1881). Sur la lisière méridionale du désert, nos troupes soudanaises étaient entrées à Tombouctou en 1893, à Zinder en 1899.

Aujourd'hui, grâce aux fréquents raids des compagnies de méharistes indigènes, encadrés par des officiers français, il est possible de circuler sans péril dans toute la zone d'influence française.

Administrativement, le Sahara Français comprend deux parties. La partie septentrionale, dénommée « Territoires du Sud [Algérien] », dépend du Gouvernement général de l'Algérie ; la partie méridionale dépend, sous forme de « Territoires Militaires », du Gouvernement général de l'Afrique Occidentale Française. Bien que l'unité économique du Sahara soit un argument en faveur de son unité administrative, cette division répond non seulement aux conditions historiques de la pénétration, mais aussi aux liens très étroits qui rattachent les Sahariens du Nord à l'Algérie, les Sahariens du Sud au Soudan.

L'EXPLOITA-TION AGRI-COLE. D'exploitation coloniale à proprement parler, il ne saurait être jusqu'ici question pour le Sahara. Le pays n'a par lui-même qu'une valeur économique très médiocre.; seules les oasis ont des cultures qui suffisent à peine à leurs habitants. Il n'y a pas d'autres produits d'exportation que les dattes et le sel. L'œuvre française a consisté surtout dans le forage de nombreux puits artésiens, qui ont multiplié l'étendue et la valeur des oasis.

LES PRINCI-PAUX GROU-PES D'OASIS. C'est dans le Sahara algérien que se trouvent les groupes d'oasis les plus peuplés et les mieux exploités.

Au sud de l'Oranie les vallées de la Zousfana (fig. 43) et du Guir, réunies à Igli pour former la vallée de la Saoura, sont jalonnées d'oasis dont malheureusement la plus riche, Figuig, a été réservée au Maroc par le traité de 1845 ; le chemin de fer du Sud-Oranais, prolongé au Sud-Ouest de Figuig jusqu'à Colomb-Béchar, sert de protection contre les incursions des tribus marocaines qui prennent leur mot d'ordre anti-chrétien au Tafilelt.

La Saoura mène aux oasis que l'accumulation des eaux souterraines a fait naître sur le pourtour du plateau de Tadmaït : à l'Ouest, les groupes du Gourara (20.000 hab., 650.000 dattiers ; centre : Timmimoun) et du Touat (17.000 hab., 450.000 dattiers ; centre : Adrar) ; au Sud, le groupe du Tidikelt (11.000 hab., 330.000 dattiers ; centres : Inrhar et Insala). C'est d'Adrar et d'Insala que nos méharistes rayonnent dans le territoire de parcours des Touareg Hoggar.

La voie ferrée, qui d'Alger gagne sur les Hauts-Plateaux Berrouaghia, n'est actuellement prolongée que par

Photo Fréd. Lung (Club Alpin Français).
Fig. 43. — *Sur les bords de l'oued Zousfana.*

une mauvaise route jusqu'à l'oasis de Laghouat (5.000 hab., 30.000 dattiers), au delà de laquelle se trouve un des établissements humains les plus curieux du désert, le Mzab.

C'est dans un des coins les moins favorisés du Sahara, sur le plateau désolé de la Chebka (« filet »), raviné par les eaux pluviales, « où l'on n'a sous les yeux que des rochers d'une teinte livide paraissant calcinés par un soleil

Cliché Molteni.

Fig. 44. — *Ghardaïa*.

torride » (Piesse), qu'au xie siècle des Berbères musulmans, sunnites réfractaires au chiisme, vinrent créer les sept villes dont Ghardaïa (fig. 44) est restée la plus importante. Les Mozabites, qui s'expatrient si nombreux pour chercher fortune dans les cités du Tell algérien, sont au nombre de 25.000 ; ils cultivent leurs 170.000 dattiers grâce à plusieurs milliers de puits profonds, dont l'eau monte en des outres de cuir, attachées à des cordes qui roulent en grinçant sur les poulies.

Au sud de Constantine, le Sahara commence à la « porte

Fig. 45. — *Une rue dans l'oasis, à Biskra.*

d'or » d'El Kantara; le chemin de fer qui la franchit mène

à l'oasis de Biskra (8.000 hab., 150.000 dattiers), où se trouvent réunies toutes les ressources nécessaires à un centre d'hivernage et de tourisme. C'est à Biskra (fig. 45) que viennent se charger les dattes de l'Oued-Rhir. C'est de Biskra que partent les caravanes qui, par Touggourt et Ouargla (5.000 hab., 500.000 dattiers), gagnent le pays des Touareg Azdjer ; Fort-Flatters (Temassinin) surveille la haute vallée de l'Igharghar.

En Tunisie, le Sahara touche directement à la mer. Gabès (10.000 hab., 200.000 dattiers) est à la fois oasis et port ; mais l'arrière-pays, dont les pistes sont commandées par l'oasis turque de Ghadamès, échappe à son attraction économique et regarde vers Tripoli.

LE COMMERCE. Toutes les villes situées à la limite septentrionale du désert, sur le bord de la « mer de sables », sont des entrepôts où viennent se ravitailler les caravanes. Une législation douanière spéciale permet aux marchandises de transiter en franchise à travers l'Algérie jusqu'aux postes de l'Extrême Sud, véritables « ports du désert ».

Le commerce saharien, qui se fait par caravanes de chameaux porteurs, a d'ailleurs perdu beaucoup de son importance depuis que l'occupation des oasis algéro-tunisiennes par la France en a éliminé l'élément le plus rémunérateur, le trafic des nègres enlevés au Soudan.

Par delà les plateaux et les montagnes de la dorsale saharienne, les caravanes allaient jadis se ravitailler en esclaves dans les oasis et dans les villes situées à la limite du Soudan : c'étaient, près du Niger, la légendaire Tombouctou ; — entre le Niger et Tchad, Zinder, où l'on parvenait par Aghadès, principale oasis du Massif de l'Aïr ; — autour du Tchad, les marchés du Kanem et du Baghirmi.

Cette lisière méridionale du Sahara est maintenant surveillée par des postes français, et les caravanes sahariennes doivent se contenter de transporter, par petites étapes journalières de 25 à 30 km., les céréales nécessaires aux habitants des oasis, le sel indispensable aux habitants du Soudan.

Dans ces conditions, l'idée grandiose d'un chemin de fer transsaharien paraît tout à fait chimérique. Inutile pour assurer la pacification du Sahara et du Soudan, une pareille entreprise constituerait une déplorable opération commerciale et financière; elle n'aurait chance de devenir rémunératrice que le jour où le Sahara nous révélerait des richesses minérales (houille, etc.), susceptibles d'une fructueuse exploitation.

CHAPITRE VIII

L'AFRIQUE OCCIDENTALE ET L'AFRIQUE ÉQUATORIALE : LE MILIEU PHYSIQUE

Les zones tropicale et équatoriale. — Le sol. — Le relief. — Le littoral. — Le climat. — Les eaux courantes : le Niger ; le Sénégal et les fleuves de Guinée ; le Tchad et le Chari ; le Congo. — La végétation. — La faune. — Les minéraux utiles.

LES ZONES TROPICALE ET ÉQUATORIALE. Comme la zone désertique du Sahara, la zone tropicale des savanes soudaniennes s'étend sur toute la largeur du continent africain, depuis l'Océan Atlantique jusqu'au Massif d'Abyssinie. Du Nord au Sud, elle mesure un millier de km., depuis le 16° jusqu'au 7° environ de latitude N.

La zone forestière équatoriale, qui vers le 7° lat. N. succède à la zone soudanienne, occupe tout le pourtour du Golfe de Guinée, c'est-à-dire la Guinée et le Congo. L'élévation du Plateau des Grands Lacs l'empêche de se prolonger dans l'Afrique orientale.

LE SOL. Au sud du Sahara, l'ensemble du sol africain est constitué par des sédiments à peu près horizontaux, qui ne remontent guère au delà du début des temps secondaires, et qui sont en majorité des grès de couleur claire ; à travers ce manteau de roches relativement récentes percent de place en place les affleurements d'un substratum primaire et archéen, sans doute façonné en pénéplaine.

Dans une grande partie de l'Afrique tropicale et équatoriale, la nature des roches superficielles est d'ailleurs difficile à reconnaître, par suite de leur décomposition sur place et de leur transformation en latérite ; la formation de cette argile rouge ferrugineuse, due à la chaleur et à l'humidité, est favorisée par l'acide azotique contenu dans les pluies tropicales, et par la pauvreté en humus d'un sol où les termites ravagent la végétation.

LE RELIEF. — L'ensemble de l'Afrique occidentale est occupé par une série de plateaux peu élevés et de faibles dépressions, que limitent du côté de la mer des hauteurs d'importance variable (fig. 46).

Le Soudan occidental offre de vastes plateaux d'une altitude moyenne de 3 à 400 m., plateaux tantôt mollement ondulés, tantôt fortement accidentés, tantôt tout unis ; à leur surface se dessinent quelques médiocres soulèvements montagneux, qui dans la boucle du Niger semblent affecter une direction Sud-Ouest Nord-Est : tel le petit massif du Hombori.

Le Soudan central est creusé d'une dépression qu'encadrent au Nord les hauteurs sahariennes de l'Aïr et du Tibesti, à l'Est les Monts du Darfour, au Sud-Ouest les Monts de l'Adamaoua et du Sokoto : c'est le Bassin du Tchad, dont le fond est à 250 m. au-dessus du niveau de la mer.

Dans la zone équatoriale, le Bassin du Congo constitue également une cuvette, dont les bords sont surtout relevés à l'Est et à l'Ouest.

Ces plateaux et ces dépressions, faiblement accentués, sont reliés les uns aux autres par des seuils où s'ouvrent des passages faciles, non seulement pour les hommes, mais aussi pour les eaux. En l'absence de lignes de partage

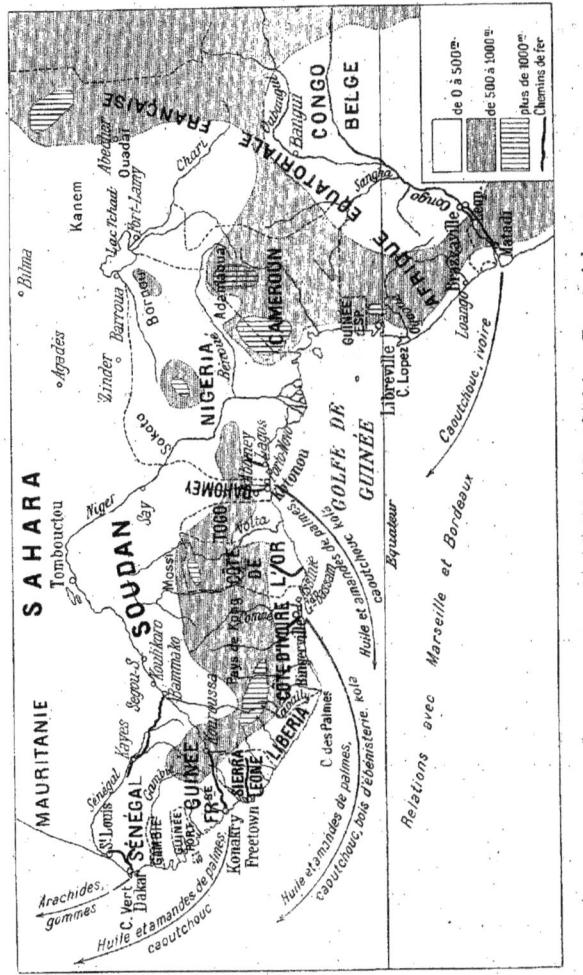

Fig. 16. — *L'Afrique Occidentale et l'Afrique Équatoriale.*
Traits généraux de l'hypsométrie d'après R. Chudeau.

nettement marquées, les divers réseaux fluviaux communiquent parfois entre eux, tout au moins de façon intermittente ; des communications, analogues à celle que le Cassiquiare crée entre l'Orénoque et l'Amazone, existèrent sans doute jadis entre le Niger et le Sénégal, entre le Congo et le Chari ; aujourd'hui encore, les marais du Toubouri envoient leurs eaux à la fois vers le Mayo-Kabi, sous-affluent du Niger, et vers le Logone, affluent du Chari.

En revanche se dressent, entre ces molles ondulations intérieures et le Golfe de Guinée, des hauteurs littorales qui ne forment pas un rempart continu, mais dont quelques-unes présentent une véritable importance. Les principales semblent être : le Fouta-Djallon (1.400 m.) et ses prolongements méridionaux (Mont Daro), centre considérable de dispersion des eaux, d'où sortent le Sénégal et le Niger ; — le Mont Nimba (1.600 m.), au Nord-Ouest de la Côte d'Ivoire ; — le Massif de l'Atacora, au Nord du Dahomey ; — les Massifs du Sokoto et de l'Adamaoua, en avant desquels se dresse l'ancien volcan du Mont Cameroun (4.070 m.) ; — les Monts de Cristal (1.000 à 1.500 m.), à l'Ouest du Congo.

LE LITTORAL. Au pied de ces montagnes s'étalent généralement des plaines basses. Aussi, sous des aspects divers, la côte reste-t-elle généralement plate : elle est rectiligne et sablonneuse dans le Nord, au voisinage des régions semi-désertiques, — vaseuse entre le Cap Vert et le Cap des Palmes, où les alluvions des rivières issues du Fouta-Djallon l'encombrent de plus en plus, — bordée de lagunes d'eaux vives que sépare de la mer un cordon littoral percé de graus (fig. 47), sur les bords du Golfe de Guinée jusqu'au delta marécageux du Niger.

Au fond du golfe, le littoral prend un caractère rocheux et élevé au contact des Monts Cameroun ; mais ensuite la côte redevient lagunaire, depuis le Cap Lopez jusqu'à l'estuaire du Congo.

Presque partout se présente, à quelque distance du rivage, un alignement de brisants dû au dernier ressaut immergé des plateaux africains : c'est la barre, infestée de requins, et difficile à franchir pour les navires.

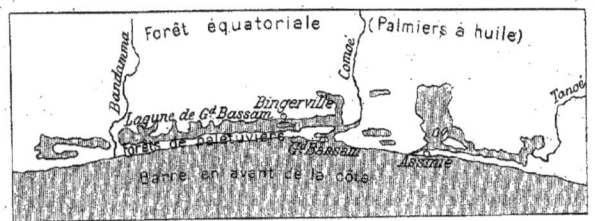

Fig. 47. — *Les lagunes de la Côte d'Ivoire.*

LE CLIMAT. — Du Nord au Sud on distingue, dans l'ensemble formé par le Soudan, la Guinée et le Congo, deux zones climatiques : la zone tropicale du Soudan, la zone équatoriale de la Guinée et du Congo.

La chaleur est partout forte, mais les pluies sont d'intensité et de durée variables, selon la distance par rapport à l'équateur et à la mer.

Les écarts de température sont encore notables dans la région semi-désertique qui avoisine le Sahara : Tombouctou a une moyenne de janvier de 21° et une moyenne de juin de 35°. Dans la région proprement soudanaise, les différences sont moindres : la température moyenne oscille à Bafoulabé de 23° (décembre) à 32° (mai). Dakar donne 20° (février) et 27° (septembre). Enfin la zone équatoriale présente une uniformité presque absolue : les moyennes varient à Porto-Novo de 25° (août) à 29° (mars). Le climat est naturellement d'autant plus malsain pour les Européens que l'amplitude annuelle est plus faible.

En ce qui concerne les pluies, la zone tropicale a deux saisons bien tranchées, dues non seulement au passage annuel du soleil au zénith, mais aussi à ce fait que le Soudan est un pays de moussons; en été le vent souffle de la mer relativement froide vers le continent surchauffé; en hiver le vent souffle de la terre vers l'Océan : c'est le « harmattan » du Nord-Est. Il y a donc une saison sèche d'hiver et une saison pluvieuse d'été (souvent appelée hivernage). Les pluies augmentent en durée et en intensité au fur et à mesure qu'on se rapproche de la mer et de l'équateur : à Tombouctou les pluies tombent pendant 30 jours et donnent 0 m. 12 d'eau; à Kayes elles donnent 0 m. 65 en 60 jours ; à Konakry, particulièrement exposé aux influences maritimes, elles donnent 3 m. 40 en 150 jours.

La zone équatoriale, caractérisée par le double passage du soleil au zénith, a quatre saisons annuelles, deux saisons particulièrement pluvieuses (généralement avril-juillet et septembre-octobre), et deux saisons relativement sèches ; aucun mois n'est d'ailleurs complètement privé de pluie, comme dans la zone tropicale. La tranche annuelle de pluie est, d'une façon générale, supérieure à 2 m. Cette constance de la chaleur humide est très dangereuse pour l'Européen, qui ne saurait faire sans péril un long séjour dans les régions équatoriales.

LES EAUX COURANTES. Formée d'un vaste plateau à bordure, arrosée par des pluies périodiques, l'Afrique occidentale et centrale a de grands fleuves ; mais ces fleuves sont trop fréquemment coupés de rapides, et ils passent par de fâcheuses alternatives de crues et de basses eaux.

LE NIGER. Le plus long fleuve du Soudan est le Niger, qui est en même temps l'un des plus

LES EAUX COURANTES 125

longs fleuves du monde et le troisième fleuve de l'Afrique pour la longueur : 4.200 km.

Né dans les montagnes qui prolongent au Sud le Fouta-Djallon, à la faible altitude de 850 m., le Niger va se jeter au fond du Golfe de Guinée après avoir décrit vers le Nord une immense boucle qui touche au désert. Il forme en réalité trois fleuves, dont chacun a son régime spécial : le premier s'étend depuis la source jusqu'au Macina, c'est le Djoliba ; le second, appelé Issa-Ber par les indigènes, va jusqu'à Say ; le troisième, le Kouarra des nègres, est le fleuve inférieur.

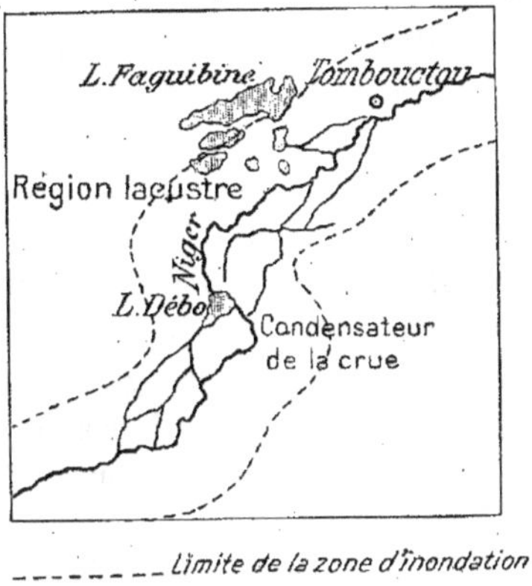

Fig. 48. — *Le Niger en amont de Tombouctou.*
D'après le Commandant Lenfant.

Le Djoliba, qui présente quelques rapides dont les plus importants sont ceux de Satouba, en aval de Bammako, est soumis à une forte crue pendant la saison des pluies d'été.

L'Issa-Ber, entré à partir du Macina dans une région très basse où il se divise en bras nombreux (fig. 48), traverse le Lac Débo et se trouve relié par des canaux à d'autres lacs voisins de Tombouctou (Lac Faguibine) ; ces lacs jouent dans une certaine mesure le rôle de régulateurs, en emmagasinant les eaux de crue pour les restituer au fleuve pendant la saison sèche. La crue, qui atteignait son maximum en septembre à Bammako, l'atteint en janvier seulement près de Tombouctou, si bien que cette grosse crue d'été du Niger supérieur se transforme en une petite crue de printemps pour le Niger inférieur. A une époque géologique antérieure, le Niger se terminait sans doute dans la dépression aujourd'hui saharienne du Djouf; c'est en des temps relativement récents que l'Issa-Ber, amaigri par sa traversée du désert, réussit à franchir au Sud-Est la barrière rocheuse qui prolonge les Monts Hombori, et put se diriger vers le fond du Golfe de Guinée en se creusant un lit encombré d'îles et de rapides.

Sur le Kouarra, les rapides se font encore plus nombreux et deviennent très dangereux : ceux de Boussa sont les plus redoutables. Rentré dans la zone des pluies tropicales — qui alimentent également son grand affluent navigable, la Bénoué (1.400 km.), — le Niger subit de ce fait une forte crue d'été, que précède la petite crue de printemps, due aux eaux retardées du cours supérieur.

Le Niger se termine dans l'Océan par un vaste delta, où il se divise en bras nombreux, dont le plus accessible est la Rivière Forcados.

Les rapides et le régime du Niger en feront toujours un fleuve fragmentaire et difficile, mais ses crues périodiques, surtout sur l'Issa-Ber, fertilisent sa vallée; elles ont permis de parler d'un « Nil » français.

LE SÉNÉGAL ET LES FLEUVES DE GUINÉE. De la même région que le Niger sort le Sénégal, formé par la réunion du Bafing et du Bakhoy.

Comme le Niger, il est coupé dans son cours supérieur par des rapides dont les plus importants sont les Chutes du Félou, près de Kayes (fig. 49); comme le Niger, il passe par une période de crues pendant laquelle il est navigable, et par une période de basses eaux pendant laquelle les nombreux bras du fleuve (marigots) n'ont qu'un mince filet liquide. Il se termine dans la mer après un parcours de plus de 1.400 km. par un estuaire vaseux, qu'une langue de terre sépare

Fig. 49. — *Les chutes du Félou, sur le Sénégal.*

du rivage et qui est obstrué par une barre d'alluvions.

Du Fouta-Djallon descendent vers l'Atlantique de nombreuses rivières, dont les principales sont la Gambie et la Casamance.

Dans les lagunes guinéennes débouchent des fleuves plus longs et très abondants, car la majeure partie de leur cours se trouve dans la zone des pluies équatoriales. La Volta est le plus important.

LE TCHAD ET LE CHARI. — Le Lac Tchad (fig. 50) est le centre d'un bassin intérieur dont il rassemble les eaux. Long de 200 km. et large de 180 km. au maximum, il a une superficie de 20.000 km², égale à peu près à celle de la Sicile. Sa profondeur moyenne n'est que de 1 m. 50 ; c'est, de tous les lacs du monde, celui dont le « creux » est le plus faible.

Le Tchad était autrefois beaucoup plus vaste, et s'éten-

Cliché du Vérascope Richard.
Fig. 50. — *Le lac Tchad.*

dait sans doute jusqu'à la dépression du Bodelé ; il semble s'assécher progressivement à notre époque, et prend de plus en plus l'aspect d'un grand marécage. Les régions septentrionales, qui ont une faible profondeur, et la partie orientale, où les vents du Nord-Est viennent accumuler les sables, diminuent très vite d'étendue. Un bon nombre des îles qui parsemaient l'Est du lac sont déjà réunies à la terre ferme.

Le Tchad est alimenté par l'apport des eaux du Chari, que grossit le Bahr Sara, trois fois plus volumineux, et auquel se joint le Logone. En été, les pluies tropicales contribuent directement à la crue annuelle du lac.

LE CONGO. Dans la cuvette équatoriale qui fait suite à la cuvette du Tchad s'est développé un grand fleuve, le Congo ; le deuxième rang lui appartient en Afrique pour la longueur (4.600 km.), et le deuxième rang dans le monde (après l'Amazone) pour la surface drainée et le volume des eaux : le Congo roule à lui seul plus d'eau que tous les autres grands fleuves africains réunis.

Dans sa vaste plaine intérieure, c'est un fleuve immense, dont le lit, semé d'innombrables îles, atteint parfois une largeur de 45 km., supérieure à celle du Pas-de-Calais. Malheureusement, le Congo partage le sort de presque tous les cours d'eau d'Afrique : il est barré de rapides et de chutes à la traversée des hauteurs littorales ; devant cet obstacle, il semble d'abord rassembler ses forces et s'étale en formant un lac, ou plutôt une mer d'eau douce : le Stanley Pool ; puis il commence sa descente vers la mer par les Chutes Livingstone, au nombre de 32, et par les Chutes de Yellala. Quand il a franchi ces multiples obstacles, il ne lui reste pas 200 km. à parcourir pour arriver à l'Océan, dans lequel il se termine par un vaste estuaire.

Le Congo a un régime très régulier, car il est alimenté par les pluies presque continuelles de la zone équatoriale et par l'apport de ses affluents, dont les crues d'été, correspondant aux pluies tropicales de l'hémisphère Nord et de l'hémisphère Sud, sont alternantes. Quelques-uns de ces affluents sont eux-mêmes de grands fleuves : l'Oubanghi qui a 2.270 km. de long, ouvre des communications avec le Nil d'une part, avec le Chari d'autre part ; la Sangha crée une route vers Bahr Sara et le Logone, tributaires du Tchad.

130 AFRIQUE OCCIDENTALE ET ÉQUATORIALE

Les autres fleuves de la région congolaise ont une bien moindre importance que le Congo. Comme lui, ils sont coupés de rapides : tel l'Ogooué, tel le Kouilou.

LA VÉGÉTA-TION. — Les formes de végétation, qui sont étroitement liées au climat, varient suivant les zones que déterminent dans l'Afrique française la plus ou moins grande abondance et la répartition des pluies.

Photo Foureau (Société de Géographie).
Fig. 51. — *Acacia gommier, sur les confins du désert.*

Dans la région semi-désertique, qui relie le Sahara au Soudan, on trouve surtout des mimosées épineuses et des acacias (fig. 51), dont le suc fournit les gommes les plus diverses. L'arachide prospère également, et sa graine est utilisée pour la fabrication de l' « huile blanche » comestible. Les vallées des fleuves, notamment celles du Niger et du Sénégal, périodiquement arrosées par les crues, sont très fertiles : le coton peut y réussir.

Le Soudan proprement dit est le domaine de la savane. Les hautes herbes, verdoyantes pendant la saison des

LA VÉGÉTATION 131

pluies, desséchées et jaunies pendant l'hiver, sont interrompues par les arbustes de la brousse ou par les forêts

Photo Binger (Office colonial).
Fig. 52. — *Laveur d'or, dans la forêt équatoriale.*

clairsemées de karités (arbres à pain), de fromagers, de baobabs. Les espaces défrichés ont été ensemencés et transformés en champs de riz, de maïs, de sorgho surtout, céréale précieuse dont se nourrit le quart de la population du globe. Les zones herbeuses conviennent parfaitement à l'élevage du bœuf, du cheval, du mouton.

La Guinée et le Congo, arrosés par des pluies abondantes pendant la majeure partie de l'année, sont le domaine de la forêt dense équatoriale (fig. 52). La hauteur des arbres y varie de 6 à 54 m. : « les cimes de ces fûts, dont le diamètre mesure de quelques pouces à 120 cm. et plus, sont tellement rapprochées qu'elles s'enchevêtrent et empêchent de voir le ciel et le soleil. Lancez d'un arbre à l'autre des câbles épais de 5 à 40 cm. ; contournez-les, tordez-les en anses, en nœuds, en festons, en guirlandes, faites-en des W et des M gigantesques, plaquez-les contre les troncs, ou enroulez-les tout autour et jusqu'aux sommets comme un serpent boa sans fin. Prodiguez-leur les feuilles et les fleurs, et que là-haut ils aident les ramures à cacher le soleil ; des branches les plus élevées, qu'ils retombent par centaines à quelques pieds du sol ; frangez-en les extrémités des racines que les épiphytes jettent dans les airs ; mêlez-y les torsades de la plus fine passementerie, des houppes, des cordelettes ténues ; passez-y maintenant une multitude d'autres câbles, d'autres cordes, se traversant aussi confusément que possible ; couvrez branches, rameaux, lianes, de mousses épaisses, ressemblant à une verte fourrure. Une fois chaque arbre en place avec sa parure de lichens et de plantes sarmenteuses, il ne reste plus qu'à étendre sur le sol un tapis verdoyant de phryniums, d'amomes et de buissons nains. Voilà la grande forêt, la Sylve antique et compacte » (Stanley).

En plus des bois de construction et d'ébénisterie (acajou, palissandre), cette forêt fournit les amandes du palmier à l'huile, la noix de kola, le vernis copal, le caoutchouc que distillent les végétaux les plus divers, les bananes, etc. La culture des plantes tropicales comme l'indigotier, le cacaoyer, le vanillier, le caféier, le manioc, réussit parfaitement dans les clairières créées par l'homme et difficilement protégées contre l'exubérance de la végétation forestière.

LA FAUNE. — La répartition des animaux varie suivant les zones de végétation. Les plus utiles sont l'autruche dans les steppes du Nord, le bœuf dans la zone des savanes, l'éléphant dans la région forestière. Mais, devant une chasse incessante, ce dernier devient de plus en plus rare : il ne tardera pas à disparaître tout à fait, à moins que la France, et les diverses puissances intéressées en Afrique, ne se décident à prendre des mesures pour sa conservation. Le porc, très abondant dans les villages fétichistes de la forêt, est absent chez les nègres islamisés du Soudan.

LES MINÉRAUX UTILES. — Les ressources minérales sont mal connues. Il semble cependant que le Soudan renferme beaucoup de minerai de fer ; les régions du Haut-Sénégal et de la Côte d'Ivoire possèdent des gisements aurifères. Mais il n'y a pas là de richesses comparables à celles que recèle le sol de l'Afrique australe.

CHAPITRE IX

L'AFRIQUE OCCIDENTALE ET L'AFRIQUE ÉQUATORIALE : LES HABITANTS, LE DÉVELOPPEMENT ÉCONOMIQUE

Les habitants. — La pénétration française. — La main-d'œuvre indigène. — L'outillage économique. — Les voies navigables. — Les chemins de fer. — Le portage. — L'exploitation agricole et minière. — La pêche. — Le mouvement commercial.

LES HABITANTS. Il est plus difficile encore que pour le Sahara de dire quel est le chiffre total de la population des zones tropicale et équatoriale; peut-être pourrait-on l'estimer à 25 millions d'hab.

Au Soudan, la densité est en général très faible, par suite des guerres séculaires et des razzias d'esclaves, par suite aussi de la très forte mortalité infantile et de certaines maladies endémiques comme la « maladie du sommeil ».

Les races sont extrêmement mêlées, leur origine reste incertaine. Du mélange de populations noires et de populations rouges cuivrées sont sortis des types infiniment variés.

Les principales races nègres du Soudan paraissent être à l'Ouest les Mandès (appellation due à l'explorateur Binger, mais inconnue des indigènes), sur le Niger moyen les Sonrhaïs, entre le Niger et le Tchad les Haoussas.

Du type nègre au type rouge cuivré la transition se fait insensiblement par les Sousous de la Guinée, par les Mallinkès, les Bambaras, les Khassonkés, les Ouolofs, les

Sérères, les Torodos, les Toucouleurs du Sénégal et du Soudan.

Les populations rouges cuivrées sont essentiellement les Habbés, jadis réfugiés dans le Plateau central nigérien, et les Peuls (ou Foulbé). Ces Peuls aux traits fins, au visage allongé, aux cheveux bouclés, au nez mince et aux extrémités élégantes, représentent un type absolument différent du type nègre. De tempérament nomade, les Peuls s'étaient disséminés du Sénégal au Tchad ; ils venaient au xixe siècle d'établir leur domination musulmane sur le Fouta-Djallon, sur le Sokoto et l'Adamaoua, lorsqu'arrivèrent les Européens. Pour les Peuls comme pour les conquérants antérieurs, l'absence d'obstacles montagneux avait facilité la création de vastes empires soudaniens, d'ailleurs aussi vite démolis que construits.

A l'encontre du Soudan, la forêt équatoriale ne possède guère que des populations noires. Ces nègres bantous, protégés par l'impénétrable sylve, ont conservé leurs mœurs grossières et leur fétichisme, avec l'habitude des sacrifices humains. L'esclavage et l'anthropophagie sont pratiqués par la plupart des tribus, groupées sous l'autorité de chefs à la fois politiques et religieux, et constamment en guerre les unes contre les autres. En territoire français on distingue principalement les Agni de la Côte d'Ivoire, les Dahoméens et les Nagos du Dahomey, les Gabonais et les Pahouins du Gabon, les Batékés et les Bonjos du Congo. Dans la zone littorale vit une des rares populations de marins de l'Afrique : les nègres Krou, qui savent passer dans leurs pirogues la « barre » de la côte guinéenne.

Avant l'arrivée des Européens, toute l'Afrique occidentale vivait dans un véritable état d'anarchie, interrompu parfois par le despotisme de conquérants sanguinaires.

LA PÉNÉTRA-TION FRANÇAISE. La pénétration européenne en Afrique a rencontré les plus grandes difficultés naturelles. Depuis le périple de Vasco de Gama, qui en 1498 acheva la reconnaissance du littoral africain, jusqu'à la fin du xix° siècle, les Européens ne fondèrent sur le continent noir que des comptoirs maritimes, dont la dangereuse « barre » rendait l'accès particulièrement incommode.

Pour aller de la côte à l'intérieur, il fallait presque partout franchir l'impénétrable forêt équatoriale, à travers laquelle nul « fleuve des Amazones » ne fournissait la voie navigable nécessaire. En Afrique, au lieu d'être des « chemins qui marchent », les fleuves sont trop souvent des « chemins qui s'arrêtent », ou des « chemins qui butent »; leur embouchure, très large ou encombrée de marécages deltaïques, attire si peu l'attention de l'explorateur, qu'on a découvert le cours des plus considérables d'entre eux en les descendant, non pas en les remontant.

La France a dû en grande partie la conquête de son immense domaine africain à la possession d'un fleuve situé en dehors de la forêt équatoriale, le Sénégal. Elle put ainsi prendre à revers la grande sylve, en occupant tout le Soudan occidental.

Pendant longtemps les Français n'eurent, comme les autres Européens, que des établissements côtiers, dont certains, ceux du Sénégal par exemple, dataient du xvii° siècle. A partir de 1880 seulement, ils partirent de ces bases d'opérations qu'étaient le Sénégal, les Rivières du Sud (ou Guinée française), la Côte d'Ivoire, le Dahomey, le Gabon, et poussèrent dans l'intérieur des missions de caractère à la fois militaire et scientifique. Le Niger, le Congo et le Lac Tchad furent ainsi atteints, les royaumes nègres du Soudan furent détruits ou soumis, des conventions internationales furent conclues avec le Portugal, le Libéria, l'Allemagne et l'Angleterre ; en 1899, notre zone d'action se trouvait complètement délimitée sur la carte (fig. 46).

Pour faciliter l'organisation militaire et économique de ces vastes territoires, on a créé deux Gouvernements généraux, celui de l' « Afrique Occidentale Française », dont le siège est à Dakar, et celui de l' « Afrique Equatoriale Française », dont le siège est à Brazzaville.

L' « Afrique Occidentale Française » comprend deux territoires militaires à demi-sahariens (Mauritanie, Niger) et cinq colonies (Sénégal, Haut-Sénégal et Niger, Guinée, Côte d'Ivoire, Dahomey).

L' « Afrique Équatoriale Française » (ancien « Congo Français ») comprend trois colonies : le « Gabon », le « Moyen-Congo », l' « Oubanghi-Chari-Tchad », cette dernière englobant le « Territoire militaire du Tchad ».

Ces divisions administratives ne correspondent aucunement à des divisions naturelles, mais elles tiennent compte dans une certaine mesure des relations économiques qui se nouent, à travers des régions très différentes, entre les pays de l'intérieur et leurs débouchés maritimes ; c'est ainsi que les colonies de la Côte d'Ivoire et du Dahomey se prolongent au delà de la forêt jusqu'à la zone des cultures soudaniennes, dont les produits s'exportent normalement par leur littoral.

LA MAIN-D'ŒUVRE INDIGÈNE. Dans toutes ces régions tropicales et équatoriales, sauf peut-être sur quelques points élevés comme les plateaux du Fouta-Djallon, le climat ne permet pas à l'Européen de s'installer à demeure et de se livrer à un travail pénible. La lourde chaleur humide a pour conséquence de terribles maladies, comme le paludisme et la fièvre jaune, que propagent les moustiques. Même si la disparition des moustiques, contre lesquels une lutte méthodique est engagée dans tous les centres européens, venait à supprimer ces fléaux, la race blanche ne pourrait s'acclimater dans des conditions climatiques si différentes de celles des régions tempérées.

De pareilles colonies d'exploitation exigent donc tout d'abord la solution d'un problème capital, celui de la main-d'œuvre ; quelle que soit la richesse d'un pays, sa valeur reste nulle sans le travail humain ; or, les nègres africains, qui firent la fortune cotonnière des États-Unis, sont à la fois trop peu nombreux, trop peu travailleurs et trop peu instruits pour fournir actuellement les instruments d'une exploitation intensive.

Au Soudan, les procédés de travail sont des plus primitifs. Même dans les régions les plus fertiles, le nègre cherche avant tout à diminuer sa peine ; « il gratte les alluvions avec une raclette, écarte la terre avec son orteil pour n'avoir pas à se baisser, puis laisse tomber dans le trou ainsi formé trois grains de mil qui vont devenir un épi » (Lenfant). Souvent encore l'indigène préfère la cueillette à la culture et, pour un profit momentané, gaspille et compromet les ressources naturelles du pays.

« Les nègres de la forêt équatoriale, vivant en groupes peu nombreux au sein d'une nature exubérante et féconde (fig. 53), trouvent autour d'eux, sans peine, les aliments dont ils ont besoin pour ne pas mourir de faim : fruits, racines, produits de chasse et de pêche. La douceur du climat leur permet de vivre à peu près sans vêtements et de n'avoir pour habitation que des cases extrêmement simples. Satisfaisant sans grand effort le peu de besoins qu'ils ont, ils sont rarement sollicités au travail, et d'ailleurs la lourde chaleur les incline à la paresse. Quelques occupations toujours identiques remplissent la vie des hommes, des femmes et surtout des esclaves : la chasse et la pêche, la guerre (autrefois surtout), la préparation de la nourri-

Photo Binger (Office Colonial).
Fig. 53. — *Village dans la forêt de la Côte d'Ivoire.*

ture, la confection des rares objets de première nécessité et des objets de parure » (Challaye).

Repeupler l'Afrique par la diminution de la mortalité infantile, donner aux nègres le goût du travail, leur inculquer des connaissances techniques élémentaires, c'est une œuvre de longue haleine, que la multiplication des dispensaires et des écoles mettra en bonne voie, et dont la réalisation aura pour toute l'humanité noire des résultats incalculables.

L'OUTILLAGE ÉCONOMIQUE. Comme en tout pays neuf, les travaux publics doivent passer dans l'Afrique française avant l'exploitation agricole et industrielle. Ils en sont la condition essentielle, ils doivent la précéder au lieu de la suivre.

Le seul grand port de la côte occidentale d'Afrique est Dakar, dont la rade spacieuse et profonde se trouve naturellement protégée des grosses mers, et que des travaux considérables ont complètement transformé au début du xx° siècle; port de commerce et port de guerre, Dakar est destiné à jouer un rôle de tout premier ordre. Sur le littoral de Guinée, des wharfs, longues jetées perpendiculaires à la côte, ont été construits à Grand-Bassam, à Cotonou, pour permettre d'éviter le passage de la barre.

L'organisation des transports était une tâche particulièrement urgente. Il fallait des voies de pénétration capables de transporter commodément les produits de chaque colonie littorale, et aussi d'assurer des débouchés vers la côte et par suite vers la métropole aux produits du Soudan.

Tout était à faire, car, avant notre arrivée, il n'existait dans le pays d'autres voies de communication que les pistes indigènes, simples sentiers tracés à travers la brousse, instruments très incommodes pour le grand commerce et ne permettant que le portage à dos d'homme.

Fallait-il substituer à ces pistes des routes au sens européen du mot? On reconnut bien vite que non. Le ravinement par les pluies tropicales, le manque fréquent de matériaux d'empierrement, la cherté de la main-d'œuvre en auraient rendu la construction et l'entretien très onéreux.

C'est le chemin de fer qui est le mode de transport le

mieux approprié à la nature et aux besoins de la région. C'est par lui qu'on prend vraiment possession du pays ; il est moins coûteux que le canon, et porte plus loin. La civilisation suit la locomotive, car celle-ci fait naître la vie économique : les cultures se développent quand l'indigène se voit en présence de débouchés jusque-là insoupçonnés.

Le chemin de fer réduit le coût des transports dans d'énormes proportions : une tonne de marchandises, qui coûte 20 fr. de Bordeaux à Konakry, coûtait, en 1907, 154 fr. par chemin de fer de Konakry à Kindia (environ 200 km.), et 1.264 fr. 80 par porteurs de Kindia à Beyla (450 km.) !

Donc il fallait utiliser dans la mesure du possible les voies navigables, et les compléter par des voies ferrées.

LES VOIES NAVIGABLES. On s'est attaché à reconnaître minutieusement le cours des fleuves, notamment du Sénégal et du Niger.

Le Sénégal, médiocre pendant la saison sèche, et obstrué à son embouchure par une barre, a été l'objet de travaux de régularisation, qui permettront de le remonter un peu plus facilement jusqu'aux chutes du Félou.

Le Niger n'est accessible aux bateaux à vapeur que de Kouroussa à Bammako, de Koulikoro à Ansongo, et de Boussa à la mer. C'est loin d'être un Mississipi. « Néanmoins, mettant en rapport des régions très diverses et très riches, il est déjà, mais deviendra encore davantage, quand certains travaux auront pu être effectués, un élément capital dans le réseau des voies de communication de l'Afrique occidentale. » (R. Ferry.)

Quant au Congo, c'est une superbe voie navigable de la mer à Matadi, ainsi qu'en amont de Stanley-Pool ; mais entre ces deux biefs se dresse le formidable obstacle des

Chutes de Yellala. L'Oubanghi se remonte facilement jusqu'aux rapides de Banghi, le Chari peut être descendu jusqu'au Tchad.

LES CHEMINS DE FER. Les principales lignes de chemins de fer ont eu pour objet d'atteindre les sections navigables de ces grands fleuves africains, ou de relier entre eux deux biefs d'un même fleuve.

De Dakar à Saint-Louis, une voie ferrée dispense de franchir la barre du Sénégal; de Kayes à Bammako et Koulikoro, une autre relie les deux voies navigables du Sénégal et du Niger, ainsi que les deux biefs, supérieur et moyen, du Niger; le raccordement de la première et de la seconde ligne (Thiès-Kayes) suppléera complètement à l'insuffisance du Sénégal. De Konakry à Kouroussa, le chemin de fer de Guinée donne un autre débouché maritime au Niger supérieur.

Deux lignes de pénétration partent de Bingerville et de Cotonou vers le Soudan, à travers la forêt équatoriale.

Le Congo français attend encore une voie française de pénétration; c'est par le chemin de fer belge de Matadi à Léopoldville que s'acheminent vers « le haut » les hommes et les colis; entre l'Oubanghi et le Chari le fléau du portage sévit encore.

LE PORTAGE. Le portage reste le principal mode de transport dans toute l'Afrique équatoriale et même dans la Guinée et le Soudan méridional. Il est imposé à la fois par le relief qui rend inutilisables les voies d'eau coupées de chutes, et par l'absence d'animaux domestiques : le chameau ne saurait supporter la chaleur humide, le bœuf et le cheval succombent à la piqûre de la mouche tsé-tsé, l'éléphant n'est pas domestiqué comme dans l'Inde.

On a donc recours, pour transporter les charges de caoutchouc, d'ivoire, ou les caisses destinées au ravitaillement des troupes de l'intérieur, à des convois d'hommes, qui portent ces fardeaux sur leur tête. On réquisitionne dans les villages des troupes de 300 à 500 porteurs, que suivent dans leurs déplacements les femmes et les enfants. Le convoi fait 80 pas à la minute. Après une marche de deux à trois heures, il prend un repos d'une demi-heure, il reprend sa marche, s'arrête encore une demi-heure au bout de deux ou trois heures, puis se dirige sans nouvel arrêt vers le but fixé.

Les indigènes répugnent à cette corvée épuisante qui les éloigne de leur village; souvent ils s'enfuient et se cachent dans la forêt pour échapper au portage. Des pays entiers ont été dépeuplés ainsi. Le seul remède est dans la multiplication des voies de communication.

L'EXPLOITA-TION AGRICOLE ET MINIÈRE. Au fur et à mesure que le réseau mixte fluvial et ferré prendra tout son développement, les produits du sol et du sous-sol (fig. 54), ayant des débouchés assurés, seront exploités de façon plus sérieuse.

Pour ce qui est de l'agriculture, si l'Européen ne peut cultiver lui-même, son rôle n'en est pas moins considérable : il est le conseiller du cultivateur indigène et l'intermédiaire pour l'écoulement des produits.

On s'est efforcé de rechercher les cultures les plus rémunératrices, en même temps que les mieux adaptées aux conditions du sol et du climat de chaque région. Des jardins d'essai ont été créés sur divers points; des expériences ont été entreprises pour éprouver la valeur de telle ou telle culture; des missions scientifiques ont recherché parmi les produits spontanés du sol ceux qui sont les plus utilisables.

On a pu constater ainsi que les productions et les aptitudes agricoles de l'Afrique occidentale sont très variées.

Le Sénégal est le pays de l'arachide et de la gomme.

Le Soudan, outre ses céréales (sorgho, mil, riz), commence à cultiver le coton, auquel les terres inondées du moyen Niger paraissent particulièrement favorables; sa lisière méridionale produit le beurre de karité et la noix de

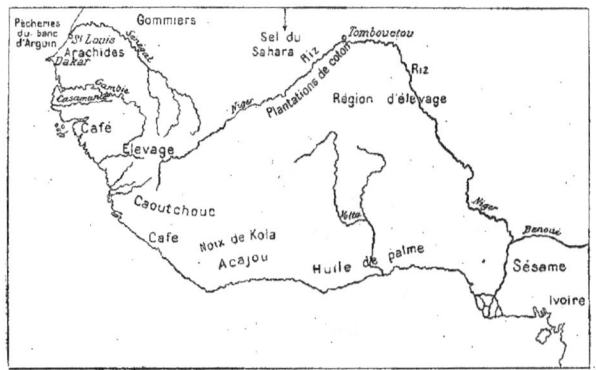

Fig. 54. — *Carte économique du Soudan et de la Guinée.*

kola; presque toutes ses terres sont propices à l'élevage, notamment à l'élevage du mouton; ce sera peut-être un jour un grand pays producteur de laine, comme l'Argentine.

La forêt équatoriale fournit en grande quantité les amandes et l'huile de palme, ainsi que les bois d'ébénisterie (ébène, acajou). Le cacao, le café, l'indigo, la vanille donnent de bons résultats dans les parties défrichées. Au Congo subsistent encore quelques réserves d'ivoire.

Mais de tous les produits de l'Afrique française, le plus important paraît être le caoutchouc, que fournissent d'une part certaines herbes soudaniennes, d'autre part les lianes et les arbres de la forêt; on songe à acclimater dans nos colonies africaines l'Hevea du Brésil, qui pourrait être planté jusqu'au 8° parallèle, et qui donnerait vraisemblablement des résultats aussi brillants qu'à Ceylan et à Java. L'essentiel, pour cette culture comme pour bien d'autres, est de substituer une exploitation rationnelle à l'exploitation trop souvent dévastatrice des indigènes.

Les ressources minières sont jusqu'à présent peu exploitées. Il y a de l'or sur le versant oriental du Fouta-Djallon, et dans l'intérieur de la Côte d'Ivoire. Le minerai de cuivre paraît abondant dans la région du moyen Ogooué.

LA PÊCHE. — Les pêcheries maritimes n'ont guère de valeur qu'au nord du Sénégal, le long de la côte saharienne. On a créé à l'abri du Cap Blanc, dans la Baie du Lévrier, des installations spéciales que groupe le centre récent de Port-Étienne. Les principaux produits de ces pêcheries sont des succédanés de la morue, des langoustes, etc.

LE MOUVEMENT COMMERCIAL. — Pour l'ensemble de nos possessions tropicales et équatoriales, le commerce extérieur (fig. 55), qui atteignait seulement 88 millions en 1897, s'est élevé à 230 millions en 1908 (exportations : 105 millions, importations : 125 millions). Les éléments de ce total sont d'importance très diverse; le Sénégal, qui reste jusqu'ici le principal débouché des pays du Niger, occupe une place prépondérante.

	EXPORTATION	IMPORTATION
Sénégal	50.000.000 francs.	72.000.000 francs.
Guinée.	13.000.000 —	14.000.000 —
Côte d'Ivoire. .	11.000.000 —	14.000.000 —
Dahomey . . .	12.000.000 —	11.000.000 —
Congo [1907] . .	20.000.000 —	15.000.000 —

Les importations consistent principalement en cotonnades, quincaillerie et spiritueux.

Dans ce commerce africain, la France n'a pas une part aussi considérable que dans le commerce de nos colonies

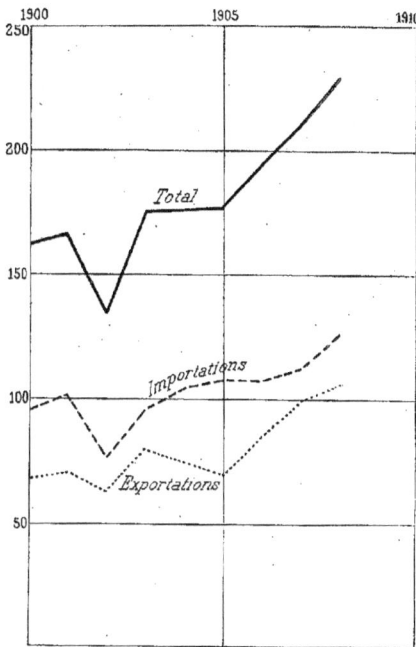

Fig. 55. — *Commerce de l'Afrique Occidentale et de l'Afrique Equatoriale Françaises, depuis 1900 (En millions de francs).*

méditerranéennes. Des traités internationaux ont établi l'égalité de tarifs douaniers pour certaines parties de notre domaine colonial (Boucle du Niger, Bassin du Congo). Aussi la part de la France n'est-elle que de 50 p. 100 dans le total des échanges.

Des services maritimes réguliers mettent en relations Marseille et Bordeaux avec la côte occidentale d'Afrique ; quelques compagnies de navigation étrangères (belges, anglaises, allemandes) leur font concurrence. Dakar est en outre desservi par un certain nombre de paquebots qui relient l'Europe à l'Amérique du Sud.

La situation économique de nos différentes colonies africaines est loin d'être la même. Certaines, comme la Guinée, sont en bonne voie de prospérité. D'autres, comme le Congo et le Chari, ont encore à peu près tout à faire.

CHAPITRE X

L'AFRIQUE OCCIDENTALE ET L'AFRIQUE ÉQUATORIALE : PRINCIPALES RÉGIONS

Le Sénégal. — La Guinée Française. — Les Pays du Niger. — La Côte d'Ivoire. — Le Dahomey. — Le Gabon. — Le Congo. — Le Chari.

LE SÉNÉGAL. — Le Sénégal est la plus ancienne de nos colonies africaines. Fondée au xviie siècle, elle dut ses premières périodes de prospérité à Brüe au début du xviiie siècle, à Faidherbe au milieu du xixe. Les négociants bordelais jouèrent un rôle prépondérant dans son développement commercial.

Ce qui domine la vie du Sénégal, c'est le voisinage du Sahara. Jusqu'à Faidherbe les roitelets maures firent payer des « coutumes » aux Européens, qui venaient à l'époque des hautes eaux acheter la gomme des mimosées sahariennes, accumulée pendant l'hiver dans les escales du fleuve (Dagana, Podor, Kaedi, Matam, Bakel). La protection française a ramené les populations noires vers des occupations sédentaires, surtout vers la culture de l'arachide ; cette plante, dont la cosse dure renferme une graine oléagineuse, a pour principal pays de production le Cayor, et pour principal port d'embarquement Rufisque (12.000 hab.).

La capitale historique du Sénégal est Saint-Louis. Construite sur une île du fleuve, protégée par sa barre et par une longue flèche de sable contre les attaques maritimes, la ville occupait une position militaire relativement favorable ; elle compte aujourd'hui 25.000 hab., dont 1.200 Européens. Son rôle commercial a été restreint par les difficultés qu'offraient à la navigation la barre et les basses eaux du Sénégal : les bâtiments de mer peuvent remonter pendant toute l'année jusqu'à Podor (350 km.), mais ils doivent attendre la crue d'automne pour gagner Kayes, au pied des Chutes du Félou. Aussi bien Saint-Louis, chef-lieu administratif de la colonie du Sénégal, est-il destiné à voir de plus en plus son ancienne prépondérance politique et économique passer à Dakar.

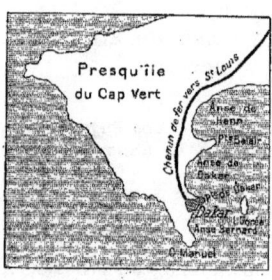

Fig. 56. — *Dakar*.

Dakar (fig. 56), capitale du Gouvernement général de l'Afrique Occidentale Française, a hérité à la fois de Saint-Louis et de Gorée, dont l'îlot basaltique lui fait face ; complètement transformée au début du xx° siècle, c'est une belle ville construite à l'européenne, qui compte déjà 25.000 hab. (2.500 Européens) ; la destruction systématique des moustiques en a fait disparaître la fièvre jaune ; son port, où relâchent les paquebots qui d'Europe gagnent le Cap et l'Amérique du Sud, est en passe de devenir un des plus importants de l'Atlantique ; lorsque sera achevé le chemin de fer de Thiès à Kayes, à travers le Ferlo, ce sera le grand entrepôt commercial non seulement du Sénégal, mais de presque tout le Soudan occidental.

LA GUINÉE FRANÇAISE. Jadis dénommée « Rivières du Sud », la Guinée Française, depuis qu'elle s'est étendue vers l'intérieur, comprend plusieurs régions nettement distinctes[1] : zone littorale de terrains alluvionnaires, chaude et très humide, domaine de la végétation tropicale, — zone intermédiaire de plateaux gréseux, caractérisée par une végétation rabougrie de ronces et d'épines, — zone élevée et relativement fraîche du Fouta-Djallon, présentant, à côté de vallées profondes et de montagnes hautes d'un millier de mètres, des plateaux couverts de graminées fines et courtes, propices à l'élevage des bœufs.

Photo communiquée par l'Office Colonial.
Fig. 57. — *Conakry au début du XXe siècle.*

La principale richesse de la Guinée proprement dite est le caoutchouc. Pour éviter les crises de monoculture, on a incité les indigènes à développer aussi leurs cultures de cacaoyers, de caféiers et de bananiers. Ce sont ces mêmes produits qui font la richesse agricole de la Casamance, administrativement rattachée au Sénégal.

Le chef-lieu administratif de la Guinée Française, Conakry, compte 6.000 hab., dont 400 Européens ou Syriens, ces derniers établis là en commerçants par un concours exceptionnel de circonstances ; c'est une jolie ville toute

---

1. Pobéguin, *Essai sur la flore de la Guinée Française*.

moderne (fig. 57), construite sur une petite île qu'un pont de fer rattache à la terre ferme, et que les brises marines assainissent. Son port en eau profonde ignore les incommodités de la barre : déjà très fréquenté, il prendra une activité plus grande encore lorsque le chemin de fer, qui passe près de Timbo, capitale du Fouta-Djallon, aura atteint non seulement le Haut-Niger, mais aussi son affluent de droite, le Milo.

LES PAYS DU NIGER. Les pays du Niger, dont les populations ont été pendant tant de siècles décimées par les fondateurs d'empires et les chasseurs d'esclaves, viennent à peine d'entrer dans une période de développement pacifique, dont le repeuplement est la première condition.

Les vastes plateaux à travers lesquels le Niger décrit sa large courbe paraissent réservés surtout à l'élevage des moutons, des chevaux et des bœufs, peut-être même des autruches (fig. 58). Le gros bétail du Yatenga et du Mossi jouit déjà d'une certaine réputation. Dans le Soudan méridional le caoutchouc, la noix de kola et la graisse de karité offrent de belles perspectives au commerce d'exportation.

Mais c'est surtout dans les belles vallées alluviales, fécondées par les crues du Niger et de ses affluents, que semble résider l'espoir d'un admirable essor agricole, dont le riz, la canne à sucre et le coton seront les éléments principaux ; l'effort colonial a porté principalement jusqu'ici sur le développement indigène des cultures cotonnières, sur la production d'un coton commercial « type américain » ; peut-être cette seconde « Égypte » fournira-t-elle un jour à la France le coton que les États-Unis ne lui enverront plus.

Ces pays furent jadis prospères : Djenné sur le Bani,

LA CÔTE D'IVOIRE

Ségou-Sikoro sur le Niger sont de grandes agglomérations indigènes dont les palais et les fortifications en pisé (argile séchée) rappellent le rôle historique, et pour lesquels l'avenir s'annonce infiniment meilleur que pour la saharienne Tombouctou. Des flotilles de vapeurs parcourent maintenant les biefs navigables du Niger, en amont et en aval des rapides de Sotouba. Aux points de raccordement des voies navigables et ferrées grandiront vite Koulikoro, Bammako,

Cliché du Vérascope Richard.

Fig. 58. — *Sur les bords du Niger : un village sonrhaï.*

chef-lieu administratif de la colonie du « Haut-Sénégal et Niger », Kouroussa sur le Niger, et Kankan sur le Milo. Par les deux chemins de fer du Sénégal et de la Guinée les produits agricoles et les produits miniers du Soudan (exploitations aurifères du Tinkisso, du Bakhoï et du Bafing) trouveront les portes de sortie que l'insuffisance du réseau navigable leur a si longtemps refusées.

LA COTE D'IVOIRE. — La Côte d'Ivoire est une colonie équatoriale, occupée presque entièrement par la forêt vierge (fig. 59). La verdure sombre des fourrés impénétrables encadre les lagunes côtières qu'un étroit cordon-littoral sépare de la mer (fig. 47). L'épaisseur de la sylve est variable : 300 km. à la frontière libérienne, 80 seulement au sud du Baoulé, véritable golfe soudanien creusé dans la forêt.

Depuis longtemps, le nom de « Côte d'Ivoire » est vide

Photo Binger (Office Colonial).
Fig. 59. — *Village à la lisière de la forêt équatoriale.*

de sens : les derniers éléphants se sont réfugiés au plus profond des bois. L'exploitation coloniale porte surtout sur les bois durs (acajou, palissandre), sur l'huile et l'amande de palme, sur le caoutchouc, le café et le cacao. L'arrière-pays contient des gisements aurifères, qui font suite à ceux de la « Côte d'Or » anglaise.

Jusqu'à la fin du XIXe siècle les établissements français consistèrent uniquement en quelques factoreries installées sur le littoral, à Grand-Lahou, Grand-Bassam, Assinie, etc. ;

c'est en 1889 seulement que l'explorateur Binger relia par son itinéraire le Soudan et le Golfe de Guinée.

Depuis 1900, le chef-lieu administratif de la Côte d'Ivoire est Bingerville, construit sur une colline bien aérée qui domine la lagune Ébriée ; à 10 km. Ouest de Bingerville, et sur la même lagune, le port d'Abidjan est la tête

Fig. 60. — *Une rue de Bondoukou.*

de ligne d'un chemin de fer destiné à percer la forêt équatoriale jusqu'aux savanes du Baoulé ; ainsi pourront venir à la côte les produits agricoles de la région soudanienne, dont Kong et Bondoukou (fig. 60) sont les principaux marchés.

LE DAHOMEY. Semblable à la Côte d'Ivoire par sa nature équatoriale, par son littoral lagunaire (fig. 61), le Dahomey a l'avantage d'une bien moins grande épaisseur forestière ; mais à 60 km. de la « Côte des Esclaves », les marais de Lama, au sol spongieux en temps de pluie, rugueux et craquelé en saison sèche, constituent un obstacle redoutable, qu'il fallut longtemps tourner par la vallée de l'Ouémé.

Huile de palme, noix de copra (cocotier) et de kola, cacao, café, et aussi maïs, sont pour l'instant les princi-

Cliché du Vérascope Richard.
Fig. 61. — *Sur la lagune de Porto-Novo.*

paux produits susceptibles d'exportation. Leur grand marché est la ville de Porto-Novo (20.000 hab.), capitale d'un petit royaume protégé et chef-lieu administratif de la colonie ; le commerce de Porto-Novo se fait à la fois par le port anglais de Lagos qui est au débouché de sa lagune, et par le port français de Cotonou, dont le wharf s'amorce sur une plage triste et dénudée.

De Cotonou part le chemin de fer : à travers les marais de Lama, il gagne la région d'Abomey, ancienne capitale du royaume dahoméen, puis s'élève à travers un pays assez fortement accidenté vers les savanes soudaniennes du Haut-Dahomey, où un certain avenir paraît réservé à la culture du coton. Dans quelques années, la voie ferrée atteindra le Niger en amont des chutes de Boussa, et permettra d'exporter le bétail du Gourma et des confins sahariens.

LE GABON. C'est à la Monarchie de Juillet que sont dus nos premiers établissements du Gabon, créés pour donner un point de refuge et de ravitaillement aux navires chargés de réprimer la traite des nègres. Derrière une côte d'estuaires et de lagunes, l'épaisse forêt équatoriale s'étend jusqu'aux croupes herbeuses des Monts de Cristal. Bois d'ébène et de santal, caoutchouc, cacao et café sont apportés aux factoreries de l'Ogooué et du littoral.

Sur le magnifique estuaire du Gabon, où confluent de nombreuses petites rivières, se trouvent disséminées au milieu d'une verdure luxuriante les villas européennes et les cases indigènes de Libreville (5.000 hab., dont 130 Européens), chef-lieu de la colonie du « Gabon ».

LE CONGO. Par delà les Monts de Cristal, région pauvre et dénudée qui intercepte les communications entre la région littorale du Gabon et l'intérieur, la forêt dense s'épanouit à nouveau dans le Bassin du Congo. De l'immense territoire que l'initiative de Savorgnan de Brazza valut à la France, peu de parties sont encore réellement occupées et administrées par nos agents coloniaux ; une quarantaine de compagnies concessionnaires se sont partagé sur le papier ce vaste domaine, dont l'ivoire et le caoutchouc sont les principales richesses.

Sur la rive occidentale du Stanley-Pool, Brazzaville (350 Européens), résidence du Gouverneur général de l' « Afrique Équatoriale Française », chef-lieu de la colonie du « Moyen-Congo », concentre tout le mouvement de la navigation à vapeur qui dessert le Congo et ses affluents français (Alima, Sangha, Oubanghi).

Mais Brazzaville n'est relié jusqu'ici à la côte par aucune voie française ; la piste à porteurs de Loango s'est trouvée délaissée du jour où fut achevé le chemin de fer belge de Matadi à Léopoldville ; c'est par ce chemin de fer que

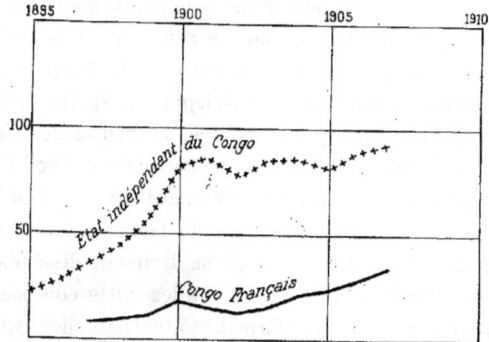

Fig. 62. — *Le Commerce des deux Congos (Congo Belge et Afrique Équatoriale Française), depuis 1895 (En millions de francs).*

s'effectue tout le mouvement commercial, non seulement du Moyen-Congo, mais de l'Oubanghi et du Chari.

Le faible développement économique du Congo français contraste avec le rapide essor du Congo belge, son voisin (fig. 62). Dans l'ensemble de nos domaines coloniaux, notre colonie congolaise joue encore le rôle de « Cendrillon ».

LE CHARI. L'occupation du Chari, en 1897, répondit à des pensées d'ordre essentiellement politique ; il s'agissait d'opérer, sur les bords du Tchad, la jonction des colonies françaises de la Méditerranée, de l'Afrique Occidentale et du Congo. En mettant fin aux déprédations des chasseurs d'esclaves, la France atteignit par surcroît un but humanitaire.

Mais l'extension de notre influence sur les régions soudaniennes et sahariennes du Baghirmi, du Kanem, du Ouadaï ne présente aucune importance économique. Bien des années s'écouleront avant que ces terres pauvres et dépeuplées soient en mesure d'expédier ou d'absorber des produits d'échange.

Le chef-lieu administratif de la colonie « Oubanghi-Chari-Tchad » est la bourgade nouvelle de Banghi, située en aval des rapides de l'Oubanghi. Quelques postes militaires, Fort-Crampel, Fort-Archambault, Fort-Lamy, jalonnent seuls la route fluviale du Gribinghi et du Chari. En revanche, la capitale du Ouadaï, Abechr, occupée en 1909, a 7 km. de tour et 10.000 hab.

Le voyage de Bordeaux au Tchad, par Matadi et Banghi, ne demande pas moins de cinq mois; le même voyage pourrait se faire en dix ou douze semaines si l'on empruntait la voie fluviale Niger-Bénoué, à travers les possessions anglaises et allemandes.

CHAPITRE XI

MADAGASCAR ET SES DÉPENDANCES

L'île de Madagascar. — Le sol et le relief. — Le littoral. — Le climat. — Les eaux courantes. — La végétation. — La faune. — Les minéraux utiles. — Les indigènes. — L'occupation française. — La colonisation. — L'outillage économique. — L'exploitation agricole. — L'exploitation minière. — Les villes. — Le mouvement commercial.
Les Comores. — La Réunion.

L'ILE DE MA-DAGASCAR. Madagascar (fig. 63) est une des plus grandes îles du monde : avec ses 592.000 km², elle est plus étendue que la France.

Elle s'étend sur 13° 1/2 de latitude (de 12° lat. S., au Cap d'Ambre, à 25°30′ lat. S., au Cap Sainte-Marie), et mesure une longueur de 1.600 km., égale à la distance de Perpignan à Édimbourg. Sa plus grande largeur, qui atteint 575 km., équivaut à la distance de La Rochelle à Genève.

Madagascar n'est pas plus éloignée de l'Afrique que ne l'est de notre Bretagne la Cornouaille britannique ; le Canal de Moçambique n'a que 300 km. de large en son point le plus resserré, de Moçambique au Cap Saint-André.

LE SOL ET LE RELIEF. Le Canal de Moçambique a de grandes profondeurs (plus de 3.000 m.), et l'on croit que la séparation de Madagascar et de l'Afrique remonte à une époque géologique extrêmement reculée. En revanche, des seuils recouverts d'une faible épaisseur d'eau, et sur lesquels reposent les Amirantes, les Seychelles, les Maldives, rattachent Madagascar à l'Inde, qui lui ressemble à bien des égards.

Le sol de gneiss qui constitue la majeure partie de l'île est très ancien; mais des éruptions volcaniques l'ont en maints endroits profondément bouleversé, et, sur la côte orientale surtout, il a été recouvert par un manteau de roches sédimentaires.

Les roches anciennes forment un plateau de 500 à 800 m. d'altitude, sorte d'île enclavée dans la grande.

La surface de ce plateau n'est point uniforme : des massifs volcaniques, dont le principal est celui d'Ankaratra, s'y dressent et présentent les plus hautes altitudes de l'île (Tsiafajavona, 2.632 m.). A côté de ces massifs s'ouvrent des cuvettes, dont les plus vastes sont celles de l'Imérina et des Betsiléo.

La décomposition des gneiss sous l'action des pluies tropicales a formé une terre rougeâtre, une variété de latérite qui ne renferme ni chaux, ni acide phosphorique, ni potasse, un sol qui a la couleur, la consistance et... la fertilité de la brique. Mais le fond des dépressions du plateau est recouvert de fertiles terres alluviales.

Le plateau est limité, principalement vers l'Est, par des falaises abruptes. Pas de paliers superposés, de gradins régulièrement étagés en altitudes croissantes : « Entre le pied de la falaise et le plateau central s'interposent, en plissements serrés, des escarpes parallèles, des crêtes successives qu'il faut gravir et descendre l'une après l'autre, escalier décevant dont les entre-marches, aux points bas de l'ascension, mangent constamment une partie des hauteurs acquises. » (P. Pelet.)

Vers l'Ouest, la pente est moins brusque, et les roches anciennes plongent peu à peu sous des terrains calcaires,

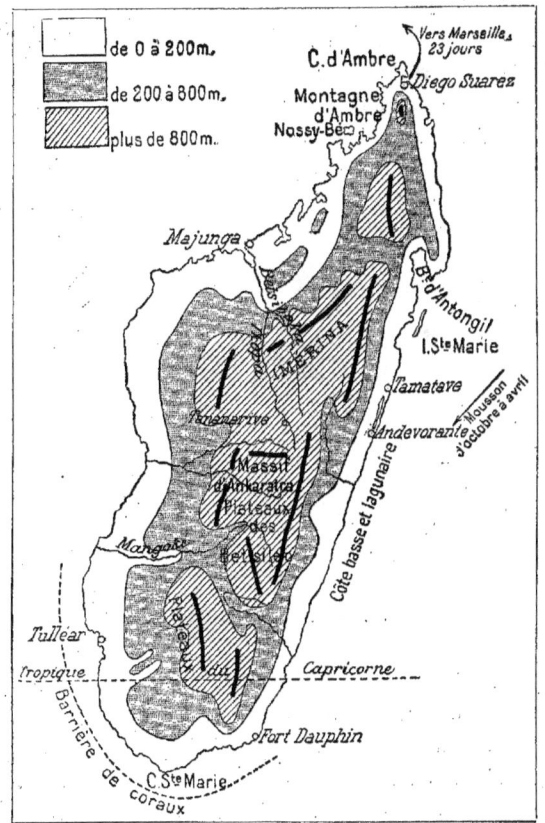

Fig. 63. — *Madagascar*.

allongés en grands causses dont la régularité contraste avec l'aspect tourmenté du paysage des régions éruptives.

LE LITTORAL. Les côtes sont généralement peu découpées et peu favorables au développement de la navigation.

La côte orientale, notamment, serait toute droite si l'on faisait abstraction de la Baie d'Antongil, d'ailleurs encombrée par les coraux. Le courant sud-équatorial, qui se divise en deux branches dirigées vers le Nord et le Sud après avoir

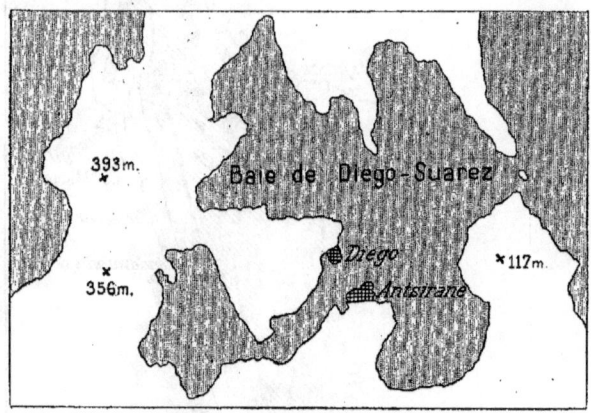

Fig. 64. — *La baie de Diego-Suarez.*

frappé Madagascar à la hauteur de Tamatave, y allonge les bancs de sable sous forme de cordons littoraux, en arrière desquels s'étend une ligne de lagunes séparée par des seuils étroits, ou pangalanes. Les navires ne trouvent que de médiocres abris sur cette côte où sévissent fréquemment les cyclones.

La côte méridionale, plus élevée, est bordée de récifs de coraux.

La côte occidentale, basse et plate jusqu'au Cap Saint-André, est encombrée de sables et de vases.

C'est au Nord-Ouest et au Nord seulement que le littoral de Madagascar est bien découpé : de bonnes rades s'ouvrent à l'embouchure de la Betsiboka et des autres rivières descendues du plateau central; à la pointe septentrionale, se creuse la magnifique Baie de Diégo-Suarez (fig. 64).

LE CLIMAT. Coupée dans sa partie méridionale par le tropique du Capricorne, Madagascar a dans l'ensemble un climat tropical. Mais les différences d'altitude et la disposition du relief, dont la direction est presque perpendiculaire à celle des vents dominants venus du Sud-Est (vents alizés), impriment au climat des diverses régions des caractères spéciaux.

La côte orientale, basse et directement exposée aux vents alizés, chargés d'humidité, est à la fois presque constamment chaude et très pluvieuse. Tamatave a des températures moyennes de 27° en janvier, de 20° en juillet, et reçoit plus de 3 m. de pluie par an. C'est une région très malsaine : les fièvres paludéennes y sont à redouter.

La côte occidentale est beaucoup moins humide; les pluies tombent seulement pendant la saison d'été, d'octobre à avril. Les écarts de température sont faibles. Majunga a des moyennes qui varient de 24° à 27° du mois le moins chaud au mois le plus chaud, et reçoit annuellement 1 m. 60 d'eau, moitié moins que Tamatave.

Au Sud, dans la région subtropicale, la sécheresse est encore plus grande ; il arrive que plusieurs mois s'écoulent sans qu'il tombe une goutte d'eau.

Les plateaux ont naturellement, en raison de leur altitude, un climat tempéré : le froid y est souvent sensible, et les pluies ne tombent que pendant la saison chaude, en brusques averses. A Tananarive, les températures moyennes des mois extrêmes sont 20° et 14°, la chute annuelle de pluie est de 1 m. 30. Cette partie de l'île offre des conditions climatériques analogues à celles de l'Ethiopie, des plateaux andins et du Mexique : elle peut devenir un centre de peuplement européen.

LES EAUX COURANTES. Du flanc oriental des plateaux descendent des fleuves riches en eau, car ils sont alimentés par des pluies fréquentes et abondantes, mais généralement courts, torrentiels et coupés de chutes. Ils ne sont pas navigables, même dans leur cours inférieur qu'obstrue une barre d'alluvions.

Les fleuves du versant occidental sont plus longs et ont une notable partie de leur cours en plaine. Mais leur régime irrégulier reflète celui des pluies, qui ne tombent que pendant une saison. Ils ouvrent néanmoins une voie de pénétration vers les plateaux du centre. Les plus importants à cet égard sont le Mangoki, et surtout la Betsiboka et son affluent l'Ikopa, qui mènent de Tananarive à Majunga.

LA VÉGÉTATION. La végétation présente des aspects très différents suivant le climat et la nature du sol des régions de l'île.

La forêt forme une véritable ceinture autour des régions centrales dénudées; elle est surtout épaisse sur la côte orientale, où l'abondance des pluies lui imprime un caractère équatorial. Sur la côte occidentale la végétation forestière fait parfois place à la savane; dans les régions sèches du Sud c'est une sorte de bush analogue à celui de l'Afrique australe.

Le littoral bas de l'Est et les pentes inférieures des montagnes conviennent aux cultures tropicales, qui exigent à la fois de la chaleur et de l'humidité.

L'Ouest possède un palmier spécial, le raphia, dont les

fibres sont employées pour la fabrication des liens ou pour la vannerie.

Le Sud possède, outre ses arbustes épineux, des plantes grasses au suc caoutchouteux.

Le centre, qui a été complètement déboisé, est couvert d'une herbe courte que peuvent paître les troupeaux; dans les alluvions des cuvettes qui parsèment le plateau, on peut, grâce à l'irrigation, cultiver le riz de montagne.

LA FAUNE. La faune indigène, caractérisée par ses lémuriens (quadrumanes très différents du singe), est tout autre que la faune africaine ; presque toutes ses espèces sont inoffensives. Elle disparaît d'ailleurs rapidement, et se trouve remplacée par une faune d'importation, dans laquelle dominent les animaux domestiques : bœuf et cheval sur les bons pâturages des plateaux, mouton dans les régions sèches du Sud, oiseaux de basse-cour élevés en très grand nombre dans l'Imérina. Le ver à soie a très bien réussi.

LES MINÉRAUX UTILES. Les ressources minérales de Madagascar paraissent plus importantes qu'on ne l'avait cru d'abord. Il y a dans le Sud-Ouest de la houille et du pétrole. L'or a été découvert, depuis longtemps déjà, dans l'Ouest; on a surtout exploité jusqu'ici l'or alluvial, mais l'on commence à s'attaquer aux gîtes filoniens.

LES INDIGÈ-NES. Sur une superficie supérieure à celle de la France, Madagascar ne compte guère que 2.600.000 hab. Cette population est très inégalement répartie : dans les régions côtières et sur les plateaux du Sud, il y a d'immenses étendues inhabitées; en revanche, les plateaux de l'Imérina et des Betsiléo sont très peuplés :

ces deux provinces, dont la superficie représente 1/20 de l'île entière, renferment, à elles seules, plus du 1/3 de sa population.

Il semble qu'à part les Européens et les Arabes (ceux-ci établis au Nord-Ouest, et très actifs négociants), toutes les populations de Madagascar soient d'origine négrito (mélanésienne), mais qu'elles aient été fortement métissées par des immigrants asiatiques, dont la venue se trouva facilitée par le jeu des moussons. On retrouve donc ici ces hardis Malais qui ont joué un rôle considérable à de si grandes distances de leur habitat primitif.

La race la plus intéressante de Madagascar est celle des Hovas (plus exactement des Houves). De teint olivâtre, les Hovas ont la tête verticalement aplatie en arrière, le visage rond, les yeux horizontaux; leur chevelure lisse et raide est d'un noir luisant, leur barbe est peu abondante.

C'est sous la direction de quelques douzaines de Javanais qu'au XVIe siècle se fonda le petit État féodal des Hovas. Énergique et intelligent, ce peuple d'agriculteurs et d'artisans soumit peu à peu la plupart des tribus établies antérieurement dans l'île, notamment les Betsiléo du Centre et les Betsimisaraka du Nord-Est. Les Sakalaves de la côte occidentale restaient, à la fin du XIXe siècle, partiellement à l'abri de la domination hova, et nombre d'entre eux vivaient du brigandage. Les tribus du Sud (Antaïmoros, etc.), les moins civilisées de toutes, étaient complètement indépendantes.

L'OCCUPATION FRANÇAISE. La France, établie depuis longtemps à Nossy-Bé, à Sainte-Marie, c'est-à-dire aux abords immédiats de Madagascar (où Fort-Dauphin avait été fondé dès 1642), conquit la Grande Ile en 1894, et ruina la puissance hova.

Soumise pendant deux ans au régime du protectorat, Madagascar fut annexée en 1896, et placée sous l'autorité d'un Gouverneur général. Si d'ailleurs la France a renoncé à la forme du protectorat, elle en a conservé les méthodes ; les différentes races s'administrent elles-mêmes, sous le contrôle de nos agents, par des fonctionnaires recrutés dans leur sein.

LA COLONISA- A Madagascar, le climat ne permet l'éta-
TION. blissement de l'Européen que sur les plateaux, et encore convient-il de faire des réserves pour beaucoup de régions où a pénétré le paludisme venu des terres basses. On compte dans l'île 10.000 colons, dont 8.000 sont d'origine française. En une certaine mesure, Madagascar pourrait donc être considérée comme une colonie de peuplement ; mais à l'heure actuelle c'est bien plutôt, dans l'ensemble, une colonie d'exploitation.

Il est par suite regrettable que, dans les riches régions littorales, la population indigène soit trop clairsemée et trop paresseuse pour fournir la main-d'œuvre nécessaire à une grande exploitation coloniale. Les éléments les plus intelligents et les plus actifs, les Hovas, habitent les hautes régions, les moins riches en produits d'exportation. L'État français s'efforce, par la diffusion de l'instruction primaire et professionnelle, d'accroître la valeur de nos auxiliaires indigènes. En outre, les missions catholiques et protestantes multiplient des églises et des écoles rivales.

Depuis l'occupation française, la mortalité indigène a diminué fortement, par suite de l'exécution de travaux d'assainissement, de l'organisation d'un service d'assistance médicale et d'hygiène ; néanmoins la population semble être encore en voie de décroissance.

L'OUTILLAGE ÉCONOMIQUE. Avant la conquête, Madagascar n'avait d'autres voies de communication que les pistes sur lesquelles les transports s'effectuaient à dos d'homme (filanzanes); il en coûtait 1.200 fr. pour transporter une tonne de marchandises de Tamatave à Tananarive; la construction de routes carrossables fit tomber ce prix à 200 fr. Depuis 1909, un chemin de fer (fig. 65) relie

Photo communiquée par l'Office Colonial.
Fig. 65. — *La voie ferrée de Tananarive.*

Tananarive à Brickaville, sur la lagune littorale; le Canal des Pangalanes (fig. 66), approfondi et régularisé, permet de gagner ensuite Tamatave en bateau à vapeur.

Seuls, les fleuves occidentaux sont navigables sur une petite partie de leur cours.

Les ports de Tamatave et de Majunga ont été améliorés. Celui de Diégo-Suarez, créé de toutes pièces, a une importance à la fois stratégique et commerciale.

L'EXPLOITA- Le sol de Madagascar n'a pas l'exubé-
TION AGRI- rante fertilité qu'on lui avait parfois attri-
COLE. buée ; les terres riches sont sur le littoral
malsain, et les plateaux salubres, où s'étale largement la
latérite, ne sont féconds que par places. Les grands espaces
cultivables manquent aussi bien que les vastes régions
désertiques.

Cliché du Véraseope Richard.

Fig. 66. — *Le canal des Pangalanes.*

Mais un optimisme exagéré ne doit pas faire place à un
pessimisme outré. Notre colonie a réalisé déjà d'importants
progrès, d'autant plus remarquables qu'ils ont été accomplis
en un très court espace de temps et dans des conditions
souvent peu favorables.

L'œuvre de colonisation agricole en est encore à la période
des essais, que dirige le Service d'Agriculture ; les résultats obtenus sont plutôt encourageants : de vastes étendues
de marais ont pu être transformées en productives rizières.

Les plateaux ont de belles plantations de mûriers, et la sériciculture y a fait de grands progrès. La culture du riz (fig. 67) a pris une telle extension que Madagascar, autrefois importatrice, produit tout le riz nécessaire à sa consommation, et commence même à en exporter.

Les cultures des plateaux (fig. 68) prendront un essor

Photo communiquée par l'Office Colonial.
Fig. 67. — *Rizières de la vallée de la Moriandro.*

nouveau, le jour où le perfectionnement des voies de communication permettra d'amener à bon compte les engrais chimiques nécessaires à un sol qui manque de phosphore et de chaux.

Les régions littorales se livrent aux cultures tropicales, en particulier à celles du vanillier, du giroflier, du cacaoyer, de la canne à sucre, des plantes à caoutchouc.

La zone intermédiaire (500 à 700 m.) est le domaine des forêts riches en ébène, en acajou, en raphia, et celui des pâturages à bœufs et à moutons. Le troupeau bovin (bœufs bossus ou zébus), qu'on évalue à 4 millions de têtes, pourrait être augmenté dans une très forte proportion, et surtout les procédés d'élevage pourraient être améliorés. C'est pour l'île une ressource très importante, car elle a pour les produits de son élevage un débouché tout indiqué dans la Réunion et Maurice, et surtout dans l'Afrique du Sud.

Fig. 68. — *Labourage à Madagascar.*

L'EXPLOITA- L'exploration géologique sommaire de
TION MINIÈRE. Madagascar a révélé la richesse du sous-sol en minerais : fer, cuivre et étain. L'or, notamment, y est l'objet de recherches actives. Le nombre des prospecteurs a considérablement augmenté, la production aurifère annuelle dépasse maintenant 7 millions de francs. On espère arriver à découvrir des filons dont l'exploitation serait très fructueuse. Les pierres précieuses paraissent également abondantes.

En dehors du travail des mines, il n'y a pas encore, à Madagascar, d'industrie européenne.

LES VILLES. Les principales villes sont des centres commerciaux plutôt qu'industriels. Sur les plateaux, Tananarive (60.000 hab., dont 1.600 Européens) est la capitale de l'Imérina et de l'île tout entière ; Fianarantsoa (6.000 hab.; fig. 69), relié par une route au port de Mananjary, est le principal marché du pays betsiléo.

Les plaines du pourtour n'ont d'autres villes que les ports ;

Fig. 69. — *Panorama de Fianarantsoa.*

Tulléar (fig. 70), Majunga (3.000 hab.), Diégo-Suarez (15.000 hab.), Tamatave (12.000 hab.).

LE MOUVEMENT COMMERCIAL. Le commerce extérieur est en progrès ; de 23 millions en 1897, il a passé à 53 millions en 1907. Le trafic se fait pour les 4/5 avec la France. Lyon joue, dans le commerce, un rôle prépondérant. Les importations de tissus, de machines, de boissons, etc., dépassent sensiblement les exportations, lesquelles consistent surtout en or, en caoutchouc, en raphia, en cire, en produits de l'élevage (cuirs, peaux, viande).

Des services réguliers relient Madagascar à Marseille : il faut 21 jours pour aller de Tamatave en France.

* * *

LES COMORES. Le groupe insulaire des Comores, qui comprend la Grande-Comore, Mohéli, Anjouan et Mayotte, est formé de terres volcaniques entourées d'écueils

Photo communiquée par l'Office Colonial.
Fig. 70. — *A Tulléar (Madagascar).*

coralliens. Ces îles sont soumises à un climat chaud et humide qui favorise les cultures tropicales, canne à sucre et vanille en particulier.

Situées à mi-chemin entre Zanzibar et Madagascar, les Comores occupent une position des plus favorables sur la route du commerce hindou-arabe, dont les principaux ports d'attache sont Zanzibar et Nossy-Bé. Leur population, formée d'éléments très divers, parle précisément cette langue souahéli qui est l'idiome commercial en usage de Zanzibar à Aden et à Bombay. Proportionnellement à la superficie (2.000 km²) et à la population (moins de 100.000 hab.), le commerce des Comores est très actif : il atteint presque 4 millions de francs.

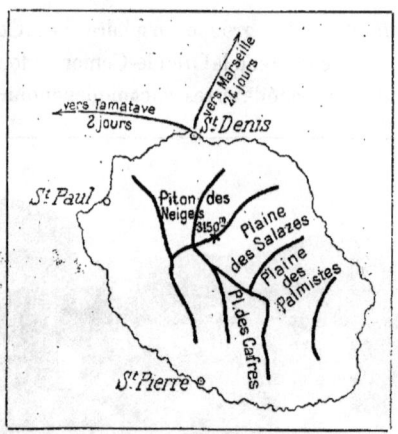

Fig. 71. — *La Réunion.*

Les Comores sont devenues possession française en 1896. Placées sous l'autorité du Gouverneur général de Madagascar, elles sont une colonie directe de la France depuis 1909.

Outre sa valeur économique, l'archipel a une certaine importance stratégique, car il sert de dépôt de charbon pour notre marine de guerre.

LA RÉUNION. — A 700 km. à l'Est de Madagascar, se dresse le bloc volcanique de la Réunion (autrefois appelée Ile Bourbon).

L'île, qui occupe moins de 2.000 km², est formée de deux volcans, l'un éteint, l'autre en activité, entre lesquels s'étend, à 1.600 m. d'altitude, la haute plaine des Cafres. Des cirques creusent la masse volcanique ; les pentes sont ravinées par des torrents (fig. 72) qui entassent les alluvions sur le littoral.

Cliché du Vérascope Richard.

Fig. 72. — *Ravin et montagnes, à la Réunion.*

Située dans la zone de l'alizé du Sud-Est, la Réunion a un climat chaud dans les terres basses, tempéré dans les régions hautes, avec une saison sèche et une saison pluvieuse, séparées par une période de redoutables cyclones.

La fertilité du sol volcanique, la chaleur, l'humidité entretiennent une végétation luxuriante, dans laquelle l'altitude introduit une grande variété.

Une population très mêlée de 175.000 hab., où l'on trouve, à côté des descendants des colons français du XVIIᵉ et du XVIIIᵉ siècles, des Cafres, des Malgaches, des Hindous, vit concentrée dans les régions basses où sont les principales villes, Saint-Pierre (29.000 hab.) et Saint-Denis (27.000 hab.), reliées entre elles par un chemin de fer côtier. Mais les progrès du paludisme sur le littoral déterminent de plus en plus les habitants à émigrer vers les hauteurs.

La Réunion fut longtemps riche, car elle trouvait d'abondantes ressources dans la culture des épices, du café (dit Bourbon), du coton, de la canne à sucre. La crise qui suivit l'abolition de l'esclavage ébranla cette prospérité. Mais surtout la concurrence des autres pays fournisseurs de denrées tropicales, ainsi que la fabrication du sucre de betterave, ont fait entrer notre vieille colonie dans une période très critique. Les épices et le coton ont disparu de l'île; les caféries se restreignent de jour en jour devant la supériorité écrasante de la production brésilienne; les cours de la canne à sucre se sont avilis; la vanille, qui a trouvé un redoutable succédané dans la vanilline synthétique, et le quinquina, pour lequel les Indes Néerlandaises ont conquis une sorte de monopole, se vendent très difficilement.

La crise paraît même être plus aiguë qu'aux Antilles. Rarement pays a subi un écroulement aussi considérable : le commerce extérieur était de 111 millions en 1860, de 60 en 1880, de 28 seulement en 1907; il se fait en grande partie par le port de la Pointe des Galets, achevé en 1886.

CHAPITRE XII

L'INDOCHINE : LE MILIEU PHYSIQUE

L'Indochine française. — Histoire du sol. — Les roches. — Le relief. — Le littoral. — Le climat. — Les eaux courantes : le Song-Koï ; le Mékong. — La végétation. — La faune. — Les minéraux utiles.

L'INDOCHINE FRANÇAISE. Entre la Chine et l'Inde d'une part, entre les hautes terres de l'Asie centrale et le monde insulaire du Sud-Est d'autre part, la liaison est établie par la péninsule indochinoise (fig. p. 73), intermédiaire entre deux mondes, entre deux civilisations.

L'Indochine française occupe plus du tiers (700.000 km^2) de la péninsule indochinoise. Elle s'étend du tropique du Cancer, au Nord, jusqu'au 9° lat. N., au Sud, sur une longueur d'environ 1.500 km. ; sa plus grande largeur, vers le parallèle d'Hanoï, ne dépasse pas 600 km.

HISTOIRE DU SOL. L'histoire géologique de l'Indochine, encore imparfaitement connue, se rattache à l'histoire de tout le Sud-Est asiatique. Entre l'énorme bourrelet montagneux du Sud de l'Asie (Himalayas), que fit surgir une violente poussée orogénique de la fin des temps tertiaires, et le môle rigide du Massif Chinois anciennement consolidé, les prolongements orientaux des chaînes tibétaines se sont trouvés serrés comme dans un étau, et déviés vers le Sud. Une fois dégagés de cet étranglement ils ont pu s'épanouir en éventail de la Birmanie à l'Annam.

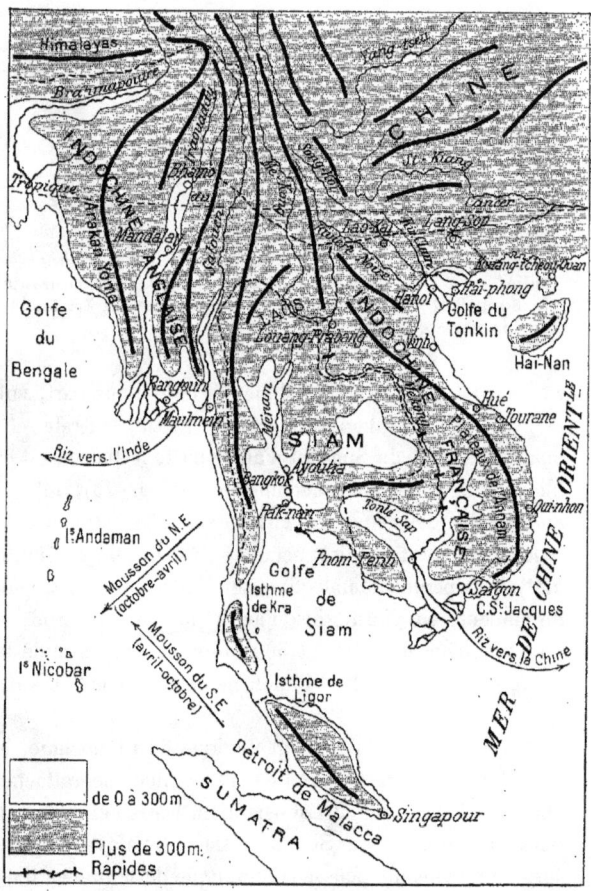

Fig. 73. — *L'Indochine.*

La divergence des faisceaux a été sans doute accentuée par l'interposition d'un massif antérieur, le Massif du Cambodge.

L'ère quaternaire a vu s'opérer, par l'alluvionnement du Mékong et du Fleuve Rouge, le comblement des anciens golfes (fig. 74), et le rattachement à ce sol continental d'un certain nombre d'îles qui occupèrent l'emplacement de la Cochinchine, d'une partie du Cambodge et du Tonkin actuels.

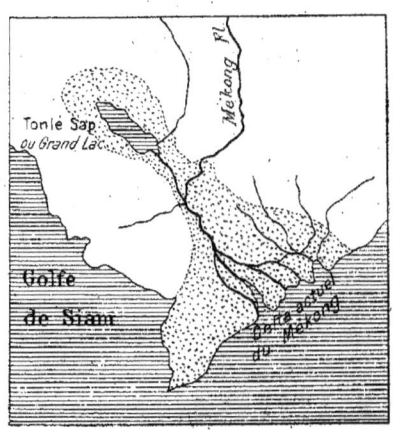

Fig. 74. — *L'ancien golfe comblé par le Mékong.*
Toute la partie grisée a été comblée par les alluvions du fleuve.

LES ROCHES. La répartition actuelle des terrains, autant qu'on en peut juger dans l'état de nos connaissances, ne laisse apparaître que sur quelques points les roches éruptives récentes (piton basaltique au sud de Bien-Hoa, trachyte de Poulo-Condor). Les roches archéennes, granits et schistes, constituent la chaîne annamite jusqu'au Cap Saint-Jacques. Les grès tendres, reposant parfois sur des couches redressées de calcaires que l'on attribue au calcaire carbonifère, occupent de vastes étendues à l'Est et à l'Ouest des roches archéennes, aussi bien dans le Laos que sur la côte septentrionale d'Annam. Des calcaires durs, marmoréens, font saillie en rochers abrupts sur une foule de points du delta tonkinois et du Golfe du Tonkin.

Deux alignements de bancs schisteux, dans lesquels apparaissent des couches de combustible houiller, se détachent du Plateau du Yun-nan ; des bords du Fleuve Rouge l'un de ces axes carbonifères se trouve rejeté au Nord par Tuyen-Quan et Dong-Trieu jusqu'à Hongay et Kébao, l'autre au Sud par Vinh jusqu'à Tourane et Qui-Nhon.

LE RELIEF. L'Indochine est une péninsule très accidentée, occupée presque en entier par des montagnes et des plateaux, n'ayant guère d'autres plaines que les deltas édifiés par ses fleuves à leur embouchure.

Le relief de l'Indochine est en rapports étroits avec celui de l'Asie centrale. L'énorme assemblage montagneux qu'on appelle le Tibet, dont l'altitude moyenne dépasse 5.000 m., se termine à son extrémité orientale par une série de plis pressés les uns contre les autres ; ce sont ces plis qui constituent en Chine les Alpes du Sseu-Tchouen et les Monts du Yun-nan, ce sont eux qui forment l'ossature de la péninsule indochinoise.

Dans le Haut-Laos et le Haut-Tonkin les directions montagneuses sont extrêmement confuses. Aux alignements Nord-Ouest Sud-Est, qui représentent la direction proprement indochinoise, se mêlent des alignements Sud-Ouest Nord-Est, qui semblent correspondre à la direction des plissements chinois. Les altitudes de 1.500 et de 2.000 m. sont fréquentes près de la frontière chinoise. Mais la plus grande partie du Tonkin est occupée par des soulèvements de 200 à 600 m. seulement : tantôt ce sont des mamelons gréseux couverts d'une mer de hautes herbes, tantôt des chaînons ou des pitons calcaires aux sommets généralement nus, avec des falaises abruptes qui encadrent des vallons souvent élargis en forme de cirques.

Vers 18° lat. N. environ, l'enchevêtrement des montagnes tonkinoises se simplifie pour faire place à la Cordillère annamite (ou annamitique), qui culmine par 2.500 m. Les dépressions de cette chaîne sont rares : au Sud-Ouest de Vinh, le col de Mu-dia s'abaisse à 250 m.; au Nord-Ouest de Hué celui d'Aï-Lao s'abaisse à 310 m. La Cordillère serre parfois de très près la mer, et ses contreforts orientaux délimitent une série de petits bassins côtiers; abrupte vers la Mer de Chine, elle s'abaisse par des pentes beaucoup moins raides vers les Plateaux du Laos.

Les Plateaux laotiens, à travers lesquels le Mékong descend de gradin en gradin vers la mer, marquent le revers de la Chaîne annamite. Leur altitude est variable : 1.200 m. en moyenne dans le Tranninh et sur le Plateau des Boloven, 700 m. dans le Darlac. D'aspect généralement monotone, ils présentent quelques renflements, qui prennent parfois l'allure de véritables montagnes ; le Plateau du Darlac (60.000 km²) s'adosse au massif du Lang-Bian.

La vallée jadis immergée du Mékong sépare de la Chaîne annamite les Monts du Cardamome, qui présentent dans le Cambodge occidental des altitudes de 1.000 à 1.400 m.

Les plaines deltaïques occupent environ la treizième partie de l'Indochine française. Les plus considérables sont celle du Bas-Tonkin, due aux alluvions du Fleuve Rouge (13.000 km²), et celle de la Cochinchine, due aux alluvions du Mékong et du Donnaï (44.000 km²). Tandis que le Delta du Mékong étend à perte de vue ses étendues marécageuses que découpent des milliers de canaux ou « arroyos », le Delta du Fleuve Rouge est accidenté de loin en loin par des pitons calcaires ou schisteux, anciens îlots maritimes empâtés dans la boue du delta.

Nombre de petites plaines littorales se rencontrent en Annam, celles de Hué, de Binh-Dinh par exemple ; mais la montagne les isole de l'intérieur et les sépare les unes des autres. La petite plaine littorale de Kampot, au Cambodge, réalise le même type.

LE LITTORAL. — Les côtes de l'Indochine française présentent des caractères extrêmement variés [1] : rochers, boues et sables s'y succèdent, selon que la montagne est plus ou moins voisine.

Depuis la frontière chinoise jusqu'au delta du Fleuve Rouge, la côte rocheuse est semée d'îles qui en rendent l'accès difficile, mais qui permettent une navigation quasi fluviale de cabotage intérieur. Ces îles se présentent d'abord éparses, hérissées de récifs, uniquement accessibles aux jonques chinoises ; puis viennent les alignements réguliers, parallèles à la côte, des Iles Faï-tsi-long, aux collines gréseuses, aux grèves schisteuses : l'Ile de Kébao s'y rattache ; enfin c'est l'Archipel d'Along, infiniment morcelé sans direction générale, avec ses îlots de calcaire marmoréen qui plongent à pic dans les flots, avec son dédale de chenaux en apparence inextricable (fig. 75).

Par delà les boues du Fleuve Rouge, dont la progression annuelle se trouve facilitée par les faibles profondeurs marines, le littoral de l'Annam septentrional, rectiligne et sablonneux, allonge jusqu'au Cap Choumay ses dunes basses et inhospitalières : terrible côte de fer, battue pendant six mois de l'année par la houle du Nord-Est.

Dans l'Annam central, du Cap Choumay au Cap Padaran,

---

1. Castex. *Les rivages indo-chinois.*

la Mer de Chine heurte le pied de la Chaîne annamite. Les amoncellements rocheux et les falaises abruptes se dressent, variés d'immenses plages sablonneuses, de dunes blanches, jaunes ou rouges. La côte projette des caps escarpés tels que le Cap Varela, dessine d'admirables baies telles que les Baies de Tourane et de Camaraigne.

Cliché du Vérascope Richard.

Fig. 75. — *Dans la baie d'Along.*

Puis les montagnes s'écartent un peu de la mer. Le littoral de l'Annam méridional reproduit les caractères du littoral de l'Annam septentrional. Du cap Padaran au Cap Saint-Jacques, les dunes sablonneuses s'alignent monotones autour de baies largement ouvertes aux tempêtes.

Entre le Cap Saint-Jacques et le Cap de la Table, les boues des deltas cochinchinois s'allongent jusqu'à la Pointe de Camau.

Sur la côte rocheuse du Cambodge, qu'un lent mouvement paraît soulever progressivement au-dessus des flots, le Golfe de Siam, peu profond, a découpé quelques baies assez largement ouvertes (Baie de Kampot) ; en face se profilent des alignements insulaires.

Ainsi le littoral indochinois offre des conditions très peu favorables à la pénétration maritime. L'Annam central, dont les baies profondes sont d'admirables abris naturels, présente un type de côte fermée, derrière laquelle se dressent des montagnes isolatrices. Les plaines deltaïques du Tonkin et de la Cochinchine, voies de pénétration largement ouvertes, ont des boues dangereuses pour la sécurité et la régularité de la navigation ; c'est un peu à l'écart des grandes artères fluviales que l'on a dû s'efforcer d'assurer quelque avenir aux principaux ports, mais Saïgon et Haïphong sont moins heureusement placés que les ports similaires de Marseille et d'Alexandrie.

LE CLIMAT. Grâce à sa situation astronomique entre le tropique du Cancer et l'équateur, et à la position qu'elle occupe sur le parcours des vents de mousson de l'Asie du Sud-Est, l'Indochine a, dans l'ensemble, un climat caractérisé par la constance des hautes températures et par d'abondantes chutes de pluie, qui se produisent pendant une saison humide à laquelle fait suite une période de sécheresse.

Mais la grande extension de l'Indochine en latitude, mais son relief élevé et enchevêtré, qui arrête les vents dominants ou modifie leur direction, introduisent dans le climat des différentes parties de la péninsule une très grande variété.

En ce qui touche la température, par exemple, le Sud n'a que de très faibles écarts entre l'été et l'hiver, tandis que le Nord a une saison presque froide et une saison chaude :

à Saïgon les moyennes du mois le moins chaud et du mois le plus chaud sont respectivement 25° et 29°, soit un écart presque insensible de 4° ; — à Hanoï, au contraire, la température moyenne varie de 17° à 29°, soit une différence de 12° ; — l'écart est encore plus sensible dans les régions hautes, par exemple à Cao-Bang (Haut-Tonkin), où il s'élève à 14° (de 14° à 28°).

Pour le régime des pluies, l'Indochine subit tout entière le régime des moussons : mousson du Sud-Ouest, qui

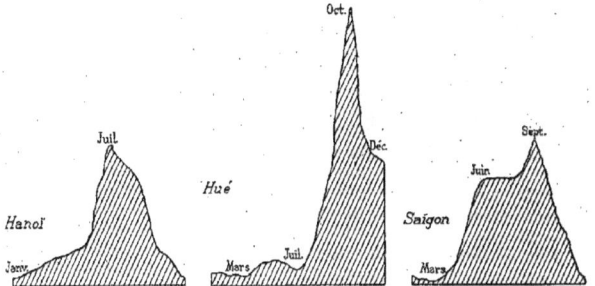

Fig. 76. — *Courbes annuelles des pluies à Hanoï, Hué et Saïgon.*

souffle en été, — mousson du Nord-Ouest, qui souffle en hiver.

Mais un simple coup d'œil sur la carte montre que l'apport pluvieux de ces deux moussons ne peut être le même sur le littoral annamite, tourné vers le Nord-Est, et sur le littoral cambodgien tourné vers le Sud-Ouest.

Le jeu normal des moussons asiatiques — mousson pluvieuse d'été, mousson sèche d'hiver — ne peut fonctionner que pour les parties de l'Indochine française situées à l'Ouest de la Chaîne annamite, c'est-à-dire pour tout le domaine du Mékong : Laos, Cambodge et Cochinchine. Toutes ces contrées sont balayées en été par les vents marins et pluvieux du Sud-Ouest ; elles restent en revanche privées d'eau pendant l'hiver.

L'Annam inversement a sa saison pluvieuse en automne, puisque la mousson hivernale du Nord-Est lui arrive chargée de vapeur d'eau par la Mer de Chine, tandis que la mousson estivale du Sud-Ouest a laissé toute son humidité sur le revers occidentale de la Chaîne annamite.

Le Tonkin paraît participer aux deux régimes des pays du Mékong et de l'Annam. D'une part, la mousson pluvieuse du Sud-Ouest, attirée sans doute par l'appel d'air de la plaine tonkinoise surchauffée, se trouve déviée vers le fond du golfe, et remonte en été la vallée du Fleuve Rouge, comme elle fait dans l'Inde pour la vallée du Gange. D'autre part, à la fin de l'hiver, en février et mars, se produit le phénomène du crachin, sorte de petite pluie fine et pénétrante, dont il faut sans doute attribuer l'origine à une déviation de la mousson Nord-Est qui arrose la côte annamite. Le Tonkin compte ainsi deux saisons mouillées (fig. 76).

Les parties les plus arrosées de l'Indochine française sont la pointe cochinchinoise (2 m. 35 à Soctrang en 1906), la partie centrale de la côte annamite (2 m. 40 à Hué) et le fond du golfe tonkinois (2 m. 45 à Moncay) ; les moins arrosées sont le Laos central (90 cm. à Savanna-Khet) et le Haut-Tonkin (85 cm. à San-La, près de la Rivière Noire).

Comme climat aussi bien que comme relief, l'Indochine est donc un pays très varié.

LES EAUX COURANTES. Ces contrastes se reflètent naturellement dans l'aspect et le régime des fleuves. Issus de hautes montagnes, ils se terminent dans des plaines qu'ils ont construites avec les matériaux arrachés à leurs rives ; ils descendent les différents étages de la zone montagneuse en formant des rapides qui rendent impossible ou malaisée la navigation fluviale ; alimentés surtout par les pluies d'été des moussons, ils sont successivement très abondants et très pauvres.

LE SONG-KOI. Le Song-Koï, ou Fleuve Rouge, venu des hauteurs du Yun-nan, reste un fleuve de montagne, fortement encaissé et aux eaux rapides, jus-

Photo F. Hauser.
Fig. 77. — *Sur le fleuve Rouge, près d'Hanoï.*

qu'à son confluent avec la Rivière Claire et avec la Rivière Noire. Presque immédiatement après commence le delta, qui a déjà englobé plusieurs îlots littoraux, et qui progresse avec une rapidité dont on peut se rendre compte en songeant qu'au viie siècle Hanoï était encore un port de mer. Malgré ses rapides, le Fleuve Rouge est navigable (fig. 77) jusqu'à la frontière de Chine.

LE MÉKONG. Le Mékong, dont les sources tibétaines sont très voisines de celles du Yang-tseu, atteint une longueur de 4.600 km. environ, et l'on estime à 1 million de km² (près de deux fois la France) l'étendue du domaine qu'il draine.

Alimenté par les glaciers et les neiges des hauts sommets de l'Asie centrale, le Mékong est pendant longtemps un fleuve de montagne, qui s'écoule rapide au fond de gorges sauvages. Arrivé dans le Haut-Laos, il s'engage dans une série de failles qui s'entre-croisent et lui imposent de fréquents changements de direction ; il passe d'une faille à l'autre par des cluses semblables, en plus grand, à celles de notre Jura. A cette région de dislocation fait suite celle des Plateaux du Laos, dont le Mékong descend les divers étages en formant de nombreux rapides (Rapides de Kemmarat, de Bassac, de Khone, de Préapatang), entre lesquels s'étendent des biefs navigables. A Préapatang, le Mékong devient un fleuve de plaine : il s'étale, presque sans pente, dans les deux vastes régions qu'il a créées lui-même en y accumulant la « chair de montagne » que roulent ses eaux tumultueuses. C'est d'abord la Plaine du Cambodge, la plus anciennement comblée. Au moment où il va en sortir, le Mékong se divise en trois bras ; deux d'entre eux, le fleuve « antérieur » et le fleuve « postérieur », iront rejoindre la mer ; le troisième se dirige vers un grand lac, le Tonlé-Sap, qui représente le fond du golfe aujourd'hui comblé (fig. 74). A l'époque des hautes eaux, le courant se dirige du fleuve vers le lac ; pendant la période sèche, le courant devient inverse : le lac se vide peu à peu, se transformant en un marais, et le bas fleuve maintient sensiblement le niveau de ses eaux. Dans le voisinage de Pnom-Penh commence le delta, que le fleuve accroît sans cesse : les eaux roulent à travers les plaines de jonc, les forêts inondées ; des canaux innombrables, ou arroyos, réunissent les divers bras du Mékong, avec les embouchures duquel le Don-naï confond les siennes.

Malgré sa longueur, le Mékong est plus difficilement navigable que le Song-Koï : cela tient à la fois à l'existence des rapides qui interrompent complètement son cours à plusieurs reprises, et à l'instabilité de son régime (alternance des très fortes crues d'été et des basses eaux).

Cliché du Vérascope Richard.
Fig. 78. — *Aréquiers, près d'Hanoï.*

L'accès des embouchures est souvent rendu pénible par une barre due à de considérables apports de sable et de boue.

LA VÉGÉTA- Le climat généralement chaud et humide
TION. de l'Indochine lui vaut une végétation luxuriante, dans laquelle les différences considérables d'altitude introduisent une grande variété.

Les forêts couvrent les montagnes, ainsi qu'une partie des plateaux et des plaines ; elles prennent souvent l'aspect de la jungle, aux arbres plus espacés et moins élevés que ceux de la sylve équatoriale. A côté des bois durs d'ébénisterie (bois de rose, bois de santal, ébène, teck imputrescible) on rencontre des lianes à caoutchouc, cer-

Cliché Lévy.

Fig. 79. — *Un banyan au Tonkin.*

tains arbres à gutta-percha, la gomme laque, le benjoin et la badiane, l'arbre à cachou, etc. Dans les parties basses poussent l'aréquier (fig. 78), le bananier, le manguier, la banyan (fig. 79), le palétuvier, etc. Un peu partout se montrent les joncs, les rotins, les bambous surtout (fig. 80), qui rendent des services inappréciables pour la construction, l'ameublement et même la nourriture (les jeunes pousses de bambou étant consommées comme légumes).

Les cultures les plus diverses, principalement les cultures tropicales, ont pu se développer sur les plateaux et sur les pentes des montagnes, aux dépens des forêts ; dans les « raïs » (clairières dues à l'incendie) viennent le poivre, le café, le thé, la canne à sucre, l'indigo, le mûrier, le tabac, l'oranger, le citronnier, etc. Les plaines deltaïques, presque constamment inondées, morcelées par des levées

Cliché du Vérascope Richard.

Fig. 80. — *Radeaux de bambous, dans le Haut-Tonkin*.

de terre qui servent à la fois de routes et de barrages pour régler l'irrigation, sont par excellence le domaine du riz, lequel se rencontre aussi dans certains coins des régions montagneuses.

LA FAUNE.   La faune de l'Indochine est aussi variée que sa flore. Dans les forêts et dans les jungles vivent l'éléphant, le « seigneur tigre » particulièrement redouté des indigènes, les singes de toute espèce, les perroquets. Les régions basses sont infestées de moustiques, de serpents et de scorpions. Les eaux sont extrêmement poissonneuses ; le Tonlé-Sap, par exemple, a d'importantes pêcheries. Les principaux animaux domestiques sont les oiseaux de basse-cour, le porc, le cheval et surtout le buffle, auxiliaire obligé de l'homme dans la rizière vaseuse.

LES MINÉRAUX UTILES. Les richesses minérales ne sont pas moins importantes. La houille est abondante à la lisière des terrains primaires ; le Tonkin paraît être particulièrement favorisé à cet égard. Des mines de fer, d'étain, de zinc, de cuivre ont été découvertes également, ainsi que des gisements aurifères.

CHAPITRE XIII

L'INDOCHINE :
LES HABITANTS. — LE DÉVELOPPEMENT ÉCONOMIQUE

Races et religions. — Les civilisations indochinoises. — L'occupation française. — La main-d'œuvre indigène. — L'outillage économique. — Les ports. — Les voies navigables. — Les chemins de fer. — L'exploitation agricole. — Les usines et l'industrie. — Le mouvement commercial.

RACES ET RELIGIONS. Sur les 700.000 km² de l'Indochine française habitent environ 20 millions d'hommes, très inégalement répartis. La densité moyenne est de 28 au km² pour l'ensemble de nos populations, mais elle s'élève à 200 ou 300 dans ces deltas dont les rizières fournissent en abondance les aliments de prédilection de la race jaune, le riz et le poisson ; les plateaux et les montagnes n'ont qu'une population très clairsemée.

Les habitants de l'Indochine, dont le teint varie du brun rouge au blanc jaunâtre, appartiennent à des races très diverses, qui peuvent être rangées en deux groupes : les races primitives, refoulées depuis longtemps à l'intérieur du pays, et les races conquérantes (Taïs, Annamites, Cambodgiens), qui se sont établies dans les régions les plus riches.

Les peuplades primitives, autochtones ou anciennement immigrées, qui vivent dans la montagne boisée, semblent se rattacher aux types tibétain, négrito, indonésien et malais. Elles sont appelées Khas par les Taïs, Moïs par les Annamites, Stiengs ou Penangs par les Cambodgiens, toutes ces appellations équivalant à notre mot « sauvages ». La plupart de ces « sauvages » ont le crâne dolichocéphale, la mâchoire projetée en avant, les pommettes accentuées, les yeux horizontaux, les cheveux noirs et légèrement on-

Cliché du Vérascope Richard.
Fig. 81. — *Eléphants porteurs, dans les forêts du Laos.*

dulés; très peu vêtus, ils vivent en des cases « bâties sur des plates-formes auxquelles on accède par des échelles, et sous lesquelles les buffles se réfugient pendant la nuit ». (Verneau) Leur nourriture consiste essentiellement en riz, en maïs, en racines. Leur industrie est rudimentaire ; ce sont surtout des chasseurs, auxquels l'éléphant sert d'utile monture pour circuler dans la forêt (fig. 81).

Les Taïs sont venus des bords du haut Yang-tsen, d'où l'invasion chinoise les a refoulés vers le Haut-Tonkin, le Laos et le Siam. — Au Tonkin, les principales tribus des

Taïs sont les Tôs, les Mâns et et les Méos; les Tos (fig. 82) cultivent les rizières des hautes vallées; les Mâns s'établissent entre 4 et 800 m., déplaçant leurs hameaux suivant leurs besoins; les Méos vivent sur les crêtes jusqu'à près de 2.000 m. — Les Laotiens ont la taille relativement élancée, le crâne brachycéphale, le front un peu étroit, les

Cliché Lévy.
Fig. 82. — *Village tô*.

yeux légèrement bridés et le nez concave; ils habitent des cases en bois bâties sur pilotis et surmontées d'un toit pointu; adonnés à l'agriculture et à la chasse, ils ont des mœurs douces et indolentes.

Les Annamites, eux aussi, sont venus du Tibet, sans doute par le Hou-nan, le Kouang-Si et le Kouang-Toung. Ils se sont répandus sur toute la côte orientale de l'Indochine, peuplant la plus grande partie du Tonkin, l'Annam et la Cochinchine. Quoique très métissée, leur race est aujourd'hui nettement caractérisée et homogène; plus petits que les Taïs (1 m. 59 comme taille moyenne des hommes, 1 m. 52 pour les femmes), les Annamites ont « un torse bien développé, mais disgracieux ». Les membres sont courts, les doigts des mains effilés. Le crâne brachycéphale, le front bombé, la face large aux pommettes saillantes, le nez peu proéminent et les yeux très bridés accusent le type. Au premier abord, il est difficile de distinguer les hommes des femmes : les uns comme les autres ont le teint glabre, relèvent en chignon leurs longs cheveux noirs, s'habillent d'un turban, d'une tunique, d'un large pantalon. « Les habitations sont tantôt de simples cases en feuilles de palmier, tantôt des maisons en briques couvertes de tuiles et entourées de vérandahs. » Essentiellement agriculteur et pêcheur, l'Annamite se nourrit de riz, de poisson et de thé ; il se passionne pour le jeu (trente-six bêtes, dames, échecs), les courses et le théâtre. Doué d'une grande philosophie naturelle qui n'exclut pas une forte dose de superstition, tant soit peu fourbe et immoral, mais intelligent et actif, il se rapproche ainsi du Chinois, dont il tient presque toute sa civilisation.

A l'inverse des Taïs et des Annamites, les Cambodgiens, ou Khmers, vinrent sans doute de l'Inde, mais leur race fut assez vite altérée par de nombreux croisements. Après avoir étendu le puissant empire khmer sur toute la partie centrale de l'Indochine, les Cambodgiens, serrés entre leurs voisins de l'Est et de l'Ouest, Annamites et Siamois, se trouvaient sur le point de perdre complètement leur autonomie nationale, lorsqu'au xixe siècle arrivèrent les Français. Robustes et bien faits, les Cambodgiens ont « la tête courte et la face large, les yeux peu bridés, les pommettes fortes, les lèvres charnues » ; hommes et femmes se coupent les cheveux en brosse ; tous portent le langouti (pantalon), auquel les hommes ajoutent une veste étroite et courte, les femmes une longue robe ouverte sur la poitrine ; leur propreté fait un heureux contraste avec la saleté des Annamites. Les Cambodgiens sont avant tout « des hommes de la forêt, bûcherons et chasseurs ». Leur apathie et leur douceur coutumières n'excluent pas certains goûts guerriers et certains penchants à la colère. La danse, la musique, le théâtre sont leurs distractions favorites, où se révèle quelque sens artistique[1].

La religion dominante est en Indochine le bouddhisme, auquel se juxtapose, comme dans tout l'Extrême-Orient, le culte des ancêtres.

LES CIVILISATIONS INDOCHINOISES. — Les indigènes de l'Indochine française ont donc une civilisation beaucoup plus avancée que ceux de la Berbérie ou de l'Afrique occidentale. Pour être différente de la nôtre, cette civilisation n'en présente pas moins une valeur réelle, qui tient en grande partie à son long développement historique.

D'une part les Annamites possèdent des institutions familiales et communales d'une solidité séculaire ; c'est un peuple de « lettrés » ; là, comme en Chine, une hiérarchie d'examens est à la base de la vie politique et sociale. D'autre part les Khmers ont subi très fortement l'action de la civilisation hindoue ; ils ont pris à l'Inde leur écriture, comme les Annamites ont pris la leur à la Chine ; leurs monuments nationaux (Angkor) peuvent compter parmi les prodigieux chefs-d'œuvre de l'art hindou.

Ce sont là des races « nobles », et qui ont conscience de leur noblesse.

L'OCCUPATION FRANÇAISE. — L'occupation de l'Indochine par la France s'est opérée progressivement. Notre premier

---

1. D'après le Dʳ Verneau (dans Petit : *Les Colonies Françaises*).

établissement dans le pays, à Tourane, remonte à la fin du xviiie siècle ; mais il fut éphémère. Ce n'est que de 1863 à 1867 que la France occupa la Cochinchine et obtint le protectorat du Cambodge. Une série d'explorations et d'expéditions, entre les années 1873 et 1885, nous valurent le protectorat de l'Annam et du Tonkin. Les traités signés avec le Siam, depuis 1893, ont étendu notre domaine jusqu'au Mékong, et remis les Cambodgiens en possession de leur ancien patrimoine national, qui comprend toutes les provinces du Tonlé-Sap (ruines d'Angkor).

Limitée d'abord aux régions voisines du littoral, l'occupation française s'est peu à peu étendue aux pays de l'intérieur ; mais, dans les régions montagneuses de l'Annam, du Haut-Tonkin et du Laos, la pénétration est à peine achevée.

L' « Indochine française » est placée sous l'autorité suprême d'un Gouverneur général qui réside tantôt à Saïgon, tantôt à Hanoï, et de qui dépendent le Lieutenant-Gouverneur de la Cochinchine, les Résidents supérieurs du Tonkin, de l'Annam, du Cambodge et du Laos.

La Cochinchine est en effet une possession directe de la France, tandis que l'Empire d'Annam, le Royaume du Cambodge et les royaumes du Laos sont des protectorats plus ou moins étroits ; le Tonkin (vice-royauté, mais sans vice-roi, de l'Annam) n'est un protectorat que de nom.

LA MAIN-D'ŒUVRE INDIGÈNE. L'Indochine française est une colonie d'exploitation, non de peuplement ; on estime à 15.000 seulement le nombre des Français (civils) fixés dans la colonie. Sauf peut-être en quelques régions privilégiées comme le plateau du Tranninh, la chaleur et l'humidité débilitent l'Européen, l'empêchent de se fixer à demeure dans le pays. A défaut de hautes chaînes comme les Himalayas, on a cherché des régions relativement tempérées pour y créer des sanatoria, qui éviteraient dans une certaine mesure le retour périodique des Européens en France : les hauteurs du Lang-Bian, au Nord-Est de Saïgon, ont paru présenter des conditions favorables, et c'est là qu'est établi le premier sanatorium indochinois, Dalat.

Si l'Européen ne peut en Indochine fournir lui-même un travail manuel, il n'en a pas moins un rôle considérable à jouer, rôle de directeur d'exploitation et de conseiller technique. Dans son œuvre colonisatrice, quel concours peut-il attendre des populations indochinoises ? Comment se présente la question de la main-d'œuvre indigène ?

Il faut évidemment distinguer à cet égard entre les différentes races de l'Indochine, dont les unes sont à peu près barbares et les autres très anciennement civilisées [1]. Les Annamites, qui représentent les 5/6 de la population, paraissent supérieurs aux Hindous et aux Javanais comme puissance de travail et comme intelligence pratique ; sans être des agriculteurs aussi émérites que les Chinois, ils semblent avoir une adresse, une docilité et une souplesse suffisantes pour se plier aux nouvelles méthodes agricoles et aux exigences de la grande industrie moderne. Si le rendement de la main-d'œuvre industrielle est cinq ou six fois moindre avec un ouvrier indochinois qu'avec un ouvrier d'Europe, l'extrême bon marché de la main-d'œuvre asiatique compense cette infériorité.

Les Cambodgiens et les Laotiens, moins habitués au travail que les Annamites, fourniront peut-être un jour de bons auxiliaires. Les populations « sauvages » elles-mêmes, assez réfractaires à l'agriculture, pourront rendre des

---

1. Padaran [Brenier]. *Les Possibilités économiques de l'Indo-Chine.*

services pour l'exploitation des mines et l'élevage du bétail.

Le « facteur humain » se présente donc en Indochine dans des conditions beaucoup plus favorables à l'exploitation européenne qu'en Afrique occidentale ou à Madagascar; il permet de tenter avec chance de succès la grande colonisation agricole et la colonisation industrielle. L'immigration des coulis javanais pourrait d'ailleurs, en certains cas, suppléer à l'insuffisance de la main-d'œuvre agricole.

L'OUTILLAGE ÉCONOMIQUE. Longtemps négligée, la colonisation de l'Indochine a pris un essor considérable à partir de 1897. On se rendit compte que pour donner à l'organisation économique du pays une base solide il fallait faire appel à la science; il fallait dresser l'inventaire raisonné des ressources de tout genre, il fallait aussi étudier les moyens de les exploiter avec le maximum de bénéfices.

De là toute une série de créations qui ont pourvu l'Indochine d'un outillage scientifique, dont un autre exemple n'est guère fourni, dans notre domaine colonial, que par l'Algérie-Tunisie : Direction ou Inspection de l'Agriculture, des Forêts, du Commerce, — Services géographique, Météorologique, Géologique, — École française d'Extrême-Orient, Institut Pasteur de Nha-Trang, École de Médecine indigène.

On cherche aujourd'hui à répandre l'instruction, même supérieure, chez le peuple indochinois avide de savoir, et qui irait — qui allait déjà — chercher au Japon, si nous ne la lui fournissions pas, cette « précieuse denrée intellectuelle ».

LES PORTS. Colonie d'accès essentiellement maritime, séparée de l'Europe par des mers favorables à la circulation des grands paquebots modernes, l'Indochine avait besoin de ports profonds, convenablement outillés. Or, les côtes basses et deltaïques ont peu de bons ports, le littoral rocheux de l'Annam est souvent d'accès dangereux.

Les efforts ont porté surtout, au début du xxe siècle, sur Saïgon et Haïphong. Saïgon est situé à 55 km. de la mer sur une profonde rivière dont l'entrée est facilitée par l'absence de barre et par l'éperon du Cap Saint-Jacques, qui protège de la mousson du Nord-Est ; de nouveaux quais et deux grandes formes de radoub en ont fait un des meilleurs ports de l'Extrême-Orient. Haïphong, malheureusement créé (en 1874) à 32 km. de la mer, au milieu des marécages du Song-Koï, voit ses communications naturelles menacées par les alluvions du fleuve ; il a été sauvé par l'ouverture d'un chenal artificiel qui le relie à la Baie d'Along.

LES VOIES NAVIGABLES. La question des voies de communication intérieures a été étudiée, et en partie résolue.

Des travaux ont été entrepris pour améliorer la navigation des fleuves ; mais on s'est bientôt rendu compte que le Mékong n'était pas navigable « commercialement » dans les régions de rapides, et que le Song-Koï ne saurait, surtout aux époques de basses eaux, suffire aux nécessités du trafic ; on s'est donc borné à quelques travaux de balisage et de dérochement, qui ont permis d'organiser des services de navigation sur les biefs utilisables : les Messageries fluviales remontent ainsi, bief par bief, le Mékong jusqu'à Vien-Tiane ; elles parviennent sur le Song-Koï jusqu'à Laokay, sur la Rivière Noire jusqu'à Cho-Bo, sur la Rivière Claire jusqu'à Tuyen-Quan.

Mais ce sont là des moyens de communication insuffisants. Pour aller de Saïgon à Mung-Det (près de Bassac) sur le Mékong, un chargement de marchandises ne subit pas moins de 11 transbordements : il est obligé d'emprunter successivement le char, la pirogue, le portage et 4 chaloupes à vapeur de tonnage différent.

LES CHEMINS DE FER. En Indochine comme dans nos colonies africaines, l'organisation d'un réseau de chemins de fer s'imposait donc. On projeta de construire, entre Hanoï et Saïgon, une grande ligne transindochinoise, sur laquelle s'amorceraient des lignes de pénétration vers la Chine, le Laos, le Cambodge et le Siam (fig. 83).

Ce programme ambitieux a été déjà réalisé en partie ; notre Indochine possède 2.000 km. de voies ferrées. Quelques tronçons du transindochinois sont achevés : Hanoï à Vinh, Hué à Tourane, Binh-Thuan à Saïgon ; il n'y a pas d'ailleurs urgence à terminer cette ligne, qui fait en partie double emploi avec le cabotage très actif de la côte annamite.

De Hanoï, qu'une voie ferrée relie à Haïphong, deux lignes ont été poussées jusqu'à la frontière de Chine : l'une au Nord jusqu'à Dong-Dang, l'autre au Nord-Ouest, par la vallée du Song-Koï, jusqu'à Lao-Kay ; cette dernière a été prolongée, en Chine même, jusqu'à Yun-nan-sen.

Pendant longtemps encore, les routes seront néanmoins, dans la plus grande partie de l'Indochine, le seul moyen commercial de transport. Leur bon entretien restera une nécessité de premier ordre ; il n'y aura d'ailleurs là qu'à reprendre et à compléter l'œuvre séculaire des populations indochinoises.

L'EXPLOITATION AGRICOLE. Pour la mise en valeur agricole (fig. 84), l'Européen doit également tenir compte de la civilisation indochinoise, surtout de cette civilisation agricole des deltas, qui repose sur l'emploi du buffle et de la brouette pour la culture du riz. Mais les

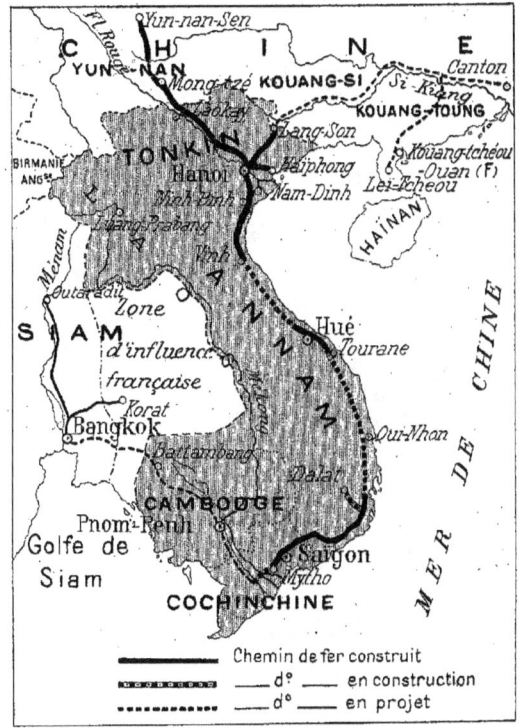

Fig. 83. — *Les chemins de fer indochinois.*

Annamites ont grand profit à attendre de la collaboration européenne.

« Sans parler des grands travaux d'irrigation qui ne peuvent être entrepris avec quelque chance de succès qu'avec nos méthodes scientifiques et nos ressources finan-

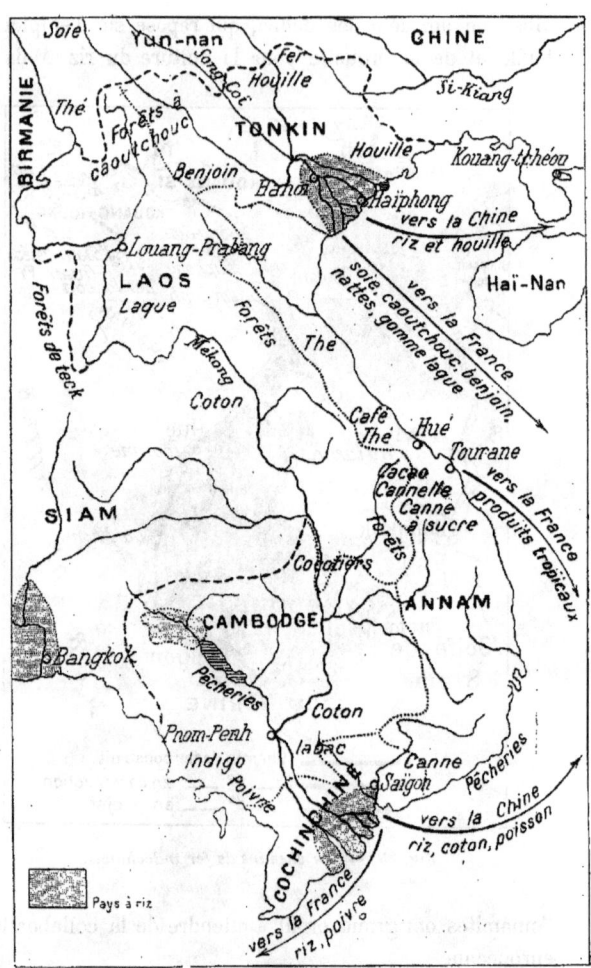

Fig. 84. — *Croquis économique de l'Indochine française.*

cières, l'emploi raisonné, et raisonnable, des alternances

de culture et des engrais ne peut venir que de notre initiative. Jamais l'Annamite ne pourra atteindre de lui-même les rendements moyens de 8 à 9 t. de sucre de canne de premier jet à l'Ha. de Java, au lieu de 2 t. qu'il obtient péniblement à l'heure actuelle, sans une réforme de ses procédés de culture de la canne et d'extraction du jus que

Cliché Lévy.

Fig. 85. — *Roue élévatoire pour l'irrigation, dans le Haut-Tonkin.*

nous sommes seuls à pouvoir opérer. De même, pour une autre culture essentiellement indigène, celle du cocotier, jamais il n'aura de son propre mouvement l'idée d'espacer les arbres pour augmenter la production des fruits.

« La question des capitaux permettant d'attendre les cultures à longue échéance, comme celle du cocotier, joue aussi un rôle important, et les préparations industrielles de certains produits comme le thé, le tabac, ne peuvent se faire utilement qu'entre des mains européennes. » (P. Padaran.)

Le Bureau Économique a été chargé de centraliser toutes les cultures et les observations scientifiques, de dépouiller les statistiques et les documents étrangers, d'associer le laboratoire et le champ d'expérience avec la rizière du paysan annamite et la plantation du colon français. C'est lui qui étudie le problème de l'irrigation (fig. 85), qui cherche les moyens d'augmenter le rendement des rizières des deltas, qui encourage le développement des cultures tropicales riches dans l'Annam, ainsi que des cultures vivrières au Tonkin.

La principale culture de l'Indochine est, dans les deltas surtout, celle du riz (fig. 86), qui exige une main-d'œuvre considérable. L'Indochine française produit normalement plus de riz qu'elle n'en consomme, mais l'irrégularité des récoltes tonkinoises, l'insuffisance des voies de communication et le manque de prévoyance des indigènes provoquent parfois des souffrances dont il importe d'éviter le renouvellement. A côté de cette céréale essentielle, une autre, le maïs, devient article d'exportation.

La production des épices est une ressource précieuse pour les régions littorales du Cambodge et de l'Annam ; l'Indochine française occupe un des premiers rangs parmi les pays producteurs de poivre ; il y a même, à l'heure actuelle, surproduction, d'où nécessité d'arrêter les progrès de cette exploitation.

Des cultures de café, de thé, de tabac, de canne à sucre, ont été introduites sur les pentes des plateaux annamites. Des plantations de cotonnier prospèrent dans la vallée du Mékong cambodgien. Le mûrier réussit au Tonkin et dans le Nord de l'Annam. La culture des végétaux oléagineux (sésame, ricin, arachide, cocotier) se développe un peu partout. Il y a peut-être un certain avenir pour le caoutchouc.

Si l'exploitation des forêts et l'élevage ne donnent pas encore ce qu'on serait en droit d'en attendre, la pêche en revanche est très rémunératrice : les pêcheries des rivières et celles du Tonlé-Sap fournissent une énorme quantité de poisson qui alimente la population indigène et dont une partie est exportée en Chine sous forme de poisson séché. Avec les produits de la pêche maritime, très active sur

Photo Félix Hauser.
Fig. 86. — *Labour de rizière, au Tonkin.*

tout le littoral, les indigènes fabriquent notamment une liqueur jaune à odeur forte, le « nuoc-mâm », sorte de saumure très appréciée en Indochine. Le sel marin donne également lieu à une exploitation assez fructueuse.

LES MINES ET L'INDUSTRIE. Le développement industriel s'annonce sous de brillants auspices dans un pays où le combustible et les matières premières permettent de donner satisfaction aux besoins d'une population déjà civilisée.

Un certain nombre de gisements de minerais (fer,

cuivre, etc.) et de charbon sont très activement exploités au Tonkin et dans l'Annam ; les houillères de Hon-Gay (fig. 87), de Dong-trieu, etc., donnent environ 350.000 t. par an.

La grande industrie naît dans les villes, où se sont fondées des usines qui mettent en œuvre les produits du sol : distilleries d'alcool de riz, usines pour le décorticage du riz, filatures de coton, briqueteries, fabriques d'allumettes, etc.

Les industries indigènes fournissent soit des objets d'usage quotidien, soit des objets d'art d'un caractère particulièrement original (incrustations de laque, pièces d'orfèvrerie et d'ivoire sculpté, etc.). Mais c'est de Chine que viennent toutes les faïences et les porcelaines.

L'industrie de la soie n'a fait aucun progrès depuis plusieurs siècles. Le Protectorat essaie de perfectionner les méthodes séricicoles. Des industriels français ont installé en Annam des manufactures de soieries.

LE MOUVE-MENT COMMERCIAL. Il y a des variations considérables, d'une année à l'autre, dans les statistiques douanières de l'Indochine.

Les exportations étant alimentées surtout par le trafic du riz, du poisson, du poivre, il suffit d'une mauvaise récolte de riz au Tonkin ou en Cochinchine pour amener un fléchissement considérable de leur total, et inversement. Pour l'exportation du riz, l'Indochine française occupe, à très peu de distance de la Birmanie, le second rang dans le monde entier ; elle a même, en 1908, dépassé sa rivale.

D'un autre côté, la mise en train de grands travaux publics amène un grossissement important, mais tant soit peu factice, du chiffre des importations, qui consistent principalement en tissus, en produits manufacturés, en machines.

De là les crochets des diagrammes ci-contre (fig. 88), qui laissent néanmoins apparaître un progrès à peu près

Cliché du Vérascope Richard.
Fig. 87. — *Mine de charbon à ciel ouvert, à Hon-Gay.*

continu. De 120 millions de francs en 1890 (63 d'importations et 56 d'exportations) le total a passé à 463 millions en 1908 (193 d'importations et 270 d'exportations).

C'est avec les autres pays d'Extrême-Orient, Chine, Insulinde, Japon, que l'Indochine a les relations commerciales les plus considérables ; c'est à eux qu'elle achète du thé, des médicaments, etc. ; c'est à eux, surtout, qu'elle vend son riz, son poisson, son charbon; c'est au Japon non moins qu'à la France qu'elle pourra vendre un jour son coton.

L'Europe n'achète guère à l'Indochine que des épices (poivre, cardamome, cannelle), un peu de riz et de thé.

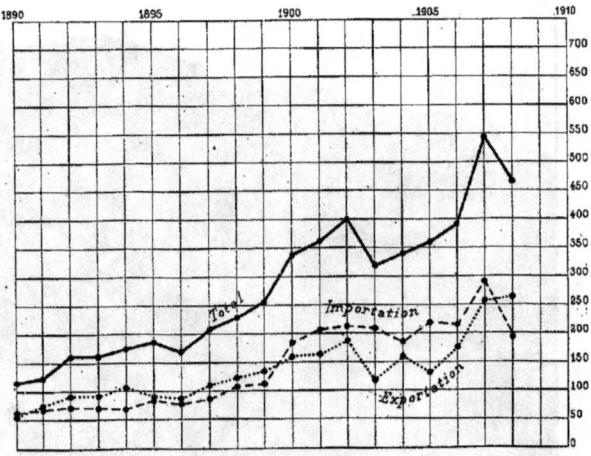

Fig. 88. — *Commerce de l'Indochine française, depuis 1890.*
(*En millions de francs.*)

Elle lui vend en revanche à peu près tous les produits fabriqués, jusqu'au jour où la concurrence japonaise se fera sérieusement sentir.

La part de la France, qui est de moitié dans la valeur des importations, n'est que du cinquième dans celle des exportations.

Le commerce extérieur de l'Indochine française est essentiellement maritime, et le commerce intérieur même ressort en grande partie au cabotage. En 1907, le mouvement de la navigation au long cours s'est chiffré (entrées et sorties) par 4.380.000 t., sur lesquelles la France peut revendiquer 1.300.000 t., l'Angleterre 1.290.000 t., l'Allemagne 680.000 t., le Japon 300.000 t.

Mais ces chiffres ne doivent pas faire illusion sur la part que prend la France au trafic maritime indochinois. Notre pavillon n'est guère représenté que par les paquebots des lignes subventionnées; trois fois par mois les « Messageries Maritimes » ou les « Chargeurs Réunis » organisent un service de voyageurs de Marseille à Saïgon, en 25 ou 30 jours (13.600 km.) ; de Saïgon au Tonkin, avec escales sur la côte d'Annam, 5 ou 6 jours de navigation sont nécessaires.

Les diverses parties de l'Indochine contribuent très inégalement, et de manière différente, à l'activité économique de la colonie. Le Tonkin et l'Annam, dont la mise en valeur coloniale n'est pas encore très avancée, et qui ont à créer leur outillage, importent plus qu'ils n'exportent. La Cochinchine et le Cambodge, au contraire, plus anciennement colonisés, ont généralement une exportation supérieure à l'importation.

CHAPITRE XIV

GRANDES RÉGIONS DE L'INDOCHINE FRANÇAISE

Le Tonkin. — L'Annam. — La Cochinchine. — Le Cambodge. — Le Laos.
La France en Extrême-Orient.

LE TONKIN. Le Tonkin (110.000 km^2) est formé de plusieurs régions d'aspect très différent.

On appelle Bas-Tonkin le delta commun du Song-Koï (ou Fleuve Rouge) et du Thaï-Binh, reliés l'un à l'autre par le Canal des Rapides et le Canal des Bambous.

Entre le Delta et le Haut-Tonkin, la transition s'opère par des ondulations de plus en plus élevées, que l'on a parfois désignées sous le nom de Moyen-Tonkin.

Le Haut-Tonkin est un pays montagneux; des croupes argileuses ou schisteuses séparent les étroites vallées orientées parallèlement à la direction du Song-Koï et parcourues par ses affluents (Rivière Noire, Rivière Claire). Le territoire tonkinois déborde au delà du domaine du Fleuve Rouge : Lang-Son, à l'issue d'un col très fréquenté, se trouve sur le versant du Si-Kiang chinois.

S'étendant au nord du 20e degré de latitude, près du tropique du Cancer, le Tonkin a un climat relativement tempéré, dont le caractère est encore accentué par le relief montagneux. Entre la saison des pluies et la période du crachin s'écoulent plusieurs mois d'un véritable hiver, pendant lequel le thermomètre s'abaisse jusqu'à 5°; c'est un répit salutaire aux Européens. Mais la grande diversité des saisons, qui oscillent de l'inondation à la sécheresse, entraîne pour l'agriculture des inconvénients auxquels pourront seuls remédier des travaux d'hydraulique agricole.

On évalue la population du Tonkin à 7 millions d'habi-

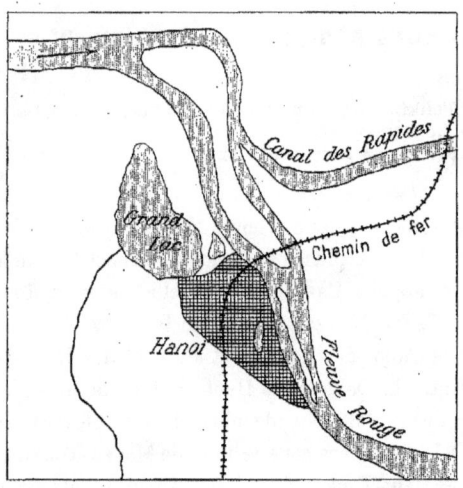

Fig. 89. — Hanoï.

tants, très inégalement répartis. La densité atteint près de 400 au km² dans certaines parties du Delta, où se trouvent les principaux centres urbains : Haïphong (16.000 hab., dont 1.000 Européens), ville de caractère presque européen, seul grand entrepôt maritime du Tonkin, à 3 heures de chemin de fer de Hanoï; — Haïduong, jadis ville de plaisir et de jeu fréquentée par les riches Chinois; — Nam-Dinh (30.000 hab.), ville industrielle et commerçante, centre intellectuel où ont lieu tous les trois ans les examens pour les grades annamites de bachelier et de licencié ; — Hanoï enfin, capitale du Tonkin (150.000 hab., dont 1.500 Européens).

Admirablement située à la tête du delta du Song-Koï, Hanoï (fig. 89) s'est rapidement transformée depuis l'établissement de la domination française. Elle comprend

Cliché du Vérascope Richard.

Fig. 90. — *Une rue européenne, à Hanoï.*

maintenant trois parties : le quartier militaire, le quartier français et le quartier indigène, ces deux derniers séparés par le gracieux Petit Lac. La ville européenne (fig. 90) a des hôtels confortables, des marchés bien approvisionnés : ses rues larges et bien pavées, proprement entretenues, sont sillonnées non seulement de « pousse-pousse » traînés par des Annamites, mais encore de tramways électriques. Les édifices publics et les maisons des Européens contrastent avec les boutiques ou les « paillottes » du quartier indigène; ces boutiques sont groupées par métiers dans certaines rues qui portent des noms caractéristiques : rue des Couleurs, rue du Sucre, rue des Brodeurs, place du Coton, rue des Jouets, etc.; une partie de la population indigène vit sur l'eau, dans des jonques et des bateaux. Hanoï a quelques industries modernes (filatures, fabriques d'allumettes, briqueteries), mais manque de décortiqueries à vapeur pour ses riz.

En dehors du Delta, Bac-Ninh et Hong-Hoa ont un rôle stratégique que rappellent leurs citadelles annamites. Lao-Kay et Lang-Son sont d'importantes étapes sur les routes de Chine, soit par le You-Kiang, affluent du Si-Kiang, soit par le Song-Koï.

L'activité commerciale du Tonkin est surtout faite de transactions intérieures. En dehors du charbon fourni par les exploitations de Hon-Gay, Kébao, Yen-Bay, l'exportation ne comprend guère que du riz, et quelque peu de badiane (anis) : c'est dire qu'elle est essentiellement variable. Mais le transit du Yun-nan, encore peu développé, fera un jour du Tonkin une des grandes voies d'accès vers la Chine intérieure.

L'ANNAM. « Bâton de bambou entre les deux paniers à riz de la Cochinchine et du Tonkin », l'Annam (260.000 km²) diffère beaucoup du reste de l'Indochine française. C'est une région montagneuse : les plaines n'y occupent que de très faibles espaces à l'embouchure des petits fleuves descendus de la Cordillère annamite, et forment des compartiments isolés les uns des autres. Chaud et humide, le pays convient aux cultures tropicales proprement dites, telles que celles de la canne à sucre, du café et surtout du thé. Le Nord de l'Annam élève des bestiaux qui sont réclamés par les agriculteurs du Delta Tonkinois.

La population de l'Annam (6 millions d'hab.) offre une densité beaucoup moins forte que celle du Tonkin. Les principales agglomérations sont toutes au voisinage de la mer.

Vinh (12.000 hab.) a son rôle historique indiqué par un palais royal et une citadelle de 2.500 m. de tour.

Cliché du Vérascope Richard.

Fig. 91. — *Marché annamite, à Hué.*

Hué (50.000 hab.), capitale de l'Annam, est posée au centre d'un vaste cirque de montagnes, à 12 km. de la mer, sur une petite rivière à l'entrée de laquelle se trouve le mauvais mouillage de Thuan-An, et que les grands navires ne peuvent remonter. Hué comprend une ville officielle annamite, ensemble de palais, d'arsenaux et de prisons fortifié à la Vauban, une ville marchande indigène (fig. 91) et un nouveau quartier européen.

Tourane (5.000 hab.) est reliée à Hué par un chemin de

fer de 100 km., qui franchit le fameux Col des Nuages. Situé au fond d'une admirable rade, à proximité des charbonnages de Nong-Son, le port de Tourane peut devenir un point de ravitaillement sur la grande route des mers de Chine ; il lui manquera longtemps, sinon toujours, le fret que donne un arrière-pays riche et peuplé.

Qui-Nhôn exporte le sel, le thé, la soie que lui fournit la province fertile de Binh-Dinh.

Serrées trop étroitement entre la montagne et la mer, les petites plaines annamites et leurs débouchés maritimes ne pourraient acquérir un réel développement économique que si elles se voyaient ouvrir des communications faciles, pardessus la Chaîne annamite, avec le Mékong laotien ; ces vues d'avenir sont permises aux plaines septentrionales, que les dépressions de Mu-dia et d'Aï-Lao laisseraient communiquer avec le Haut-Laos.

LA COCHINCHINE. La plus grande partie du sol de la Cochinchine (60.000 km^2) est formée par les deltas voisins du Mékong et du Donnaï, que limitent à l'Est les derniers contreforts de la Chaîne annamite. Ces riches alluvions ont une population très dense (3 millions d'hab.), occupée surtout à la culture du riz ; mais la présence de vastes territoires incultes, la Plaine des Joncs et les forêts inondées de Camau, a empêché jusqu'à présent l'extension des rizières à tout le territoire cochinchinois.

La régularité des pluies de mousson donne à la Cochinchine une très grande supériorité sur le Bas-Tonkin. Bien qu'on fasse en Cochinchine une seule récolte annuelle de riz, tandis qu'on en fait deux en certaines régions de l'Annam et du Tonkin, la production du riz cochinchinois assure toujours la subsistance de la population cochinchinoise, d'ailleurs moitié moins nombreuse que la population tonkinoise, et laisse chaque année un fort excédent pour l'exportation. La Cochinchine est un des principaux greniers à riz de l'Extrême-Orient : sur près de 1.300.000 t. exportées en 1908-1909 par notre Indochine, la part de la Cochinchine était d'un million de tonnes.

A la limite de la Cochinchine et du Cambodge, les

Cliché du Vérascope Richard.
Fig. 92. — *Une rue européenne, à Saïgon.*

petites plaines littorales d'Hatien et de Kampot sont particulièrement affectées à la production du poivre.

Située à dix degrés seulement de l'équateur, la Cochinchine a un véritable climat tropical, presque uniformément chaud et humide ; c'est à peine si la température descend à 19° pendant quelques nuits de décembre et de janvier ; du 15 avril au 15 juin, le thermomètre se maintient constamment entre 30° et 34°. Les Européens souffrent beaucoup d'un pareil climat, et ne trouvent quelque soulagement qu'en allant respirer au Cap Saint-Jacques la brise marine.

Pourtant les Français ont su créer en Cochinchine une ville de caractère absolument européen, Saïgon (40.000 hab., dont 3.000 Européens civils) : rues spacieuses éclairées à l'électricité et plantées d'une double rangée d'arbres (fig. 92), jardins ornés de plantes magnifiques, beaux monuments et

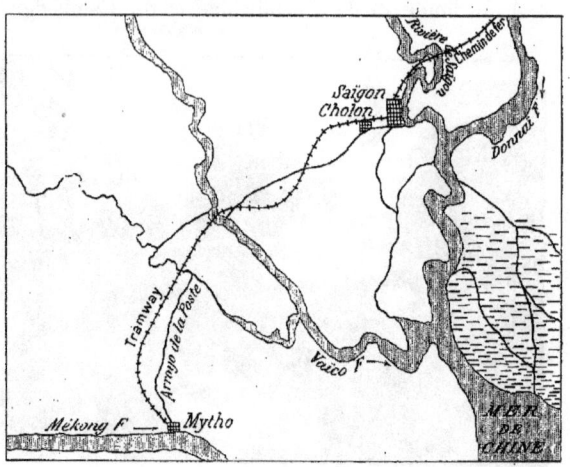

Fig. 93. — *La situation de Saïgon.*

superbes promenades, tout concourt à faire de Saïgon la plus charmante des résidences coloniales d'Extrême-Orient. Quatre routes, deux tramways et un chemin de fer permettent de franchir les 5 km. qui séparent Saïgon de Cholon, ville de paillottes, de maisonnettes de briques, de bateaux, où grouille une population de 150.000 Annamites et Chinois ; indépendamment des industries et des commerces indigènes les plus variés, Cholon possède des usines à vapeur, dont un certain nombre sont employées au décorticage du « paddy » et au blanchissage du riz : l'activité fluviale de l' « arroyo chinois », qui unit les deux villes, complète l'activité maritime de la rivière de Saïgon (fig. 93). Saïgon exporte maintenant plus de riz que Bangkok, tout en demeurant encore assez loin derrière Rangoun.

Les autres villes notables de la Cochinchine doivent également leur importance à leur situation fluviale. Bien-Hoa (20.000 hab.), entourée de forêts et de champs de canne à sucre, est desservie à la fois par le Donnaï et par le chemin de fer de Cochinchine en Annam. — Sur le bras septentrional du Mékong, Mytho est une agréable petite ville de 30.000 hab., qu'un chemin de fer et un canal navigable, l' « arroyo de la Poste », relient à Saïgon ; c'est le point de contact entre la région du Donnaï et celle du Mékong. — Vinh-Long se trouve à la jonction de quatre bras du Mékong. — Chaudoc est au croisement du Mékong occidental avec deux canaux transversaux, dont l'un mène au port maritime de Hatien, exportateur de poivre.

L'activité des villes cochinchinoises est ainsi faite en grande partie du commerce fluvial que permettent les différentes branches du Mékong. La Cochinchine n'est pas seulement un riche grenier à riz, c'est aussi le vestibule du Cambodge et du Laos.

LE CAMBODGE. Le Cambodge (120.000 km^2, 1.200.000 hab.) est d'aspect plus varié que la Cochinchine. Sa plaine d'origine alluviale est encadrée par des plateaux herbeux et des montagnes boisées qui se rattachent à l'Est au soulèvement annamite, à l'Ouest au Massif cambodgien. Couverte de marécages, la plaine cambodgienne doit surtout sa richesse aux inondations périodiques du Mékong, ce Nil indochinois. Le riz et le coton sur les bords du fleuve, la pêche dans les eaux du Tonlé-Sap, le poivre dans la région maritime de Kampot sont les principales richesses du pays.

Moins uniformément chaud que celui de la Cochinchine, le climat du Cambodge offre des minima de 15° en hiver, mais la fièvre des bois règne en permanence dans les hautes régions.

Pnom-Penh, résidence du roi du Cambodge, est admirablement situé au confluent du Mékong et du canal naturel qui relie ce fleuve au Tonlé-Sap ; c'est une ville de 50.000 hab., où se coudoient Cambodgiens, Annamites, Chinois, Siamois, Malais, Indiens, et quelques centaines d'Européens. Jusqu'en 1908, ce grand port fluvial souffrait de la tyrannie que faisait peser sur lui Saïgon, où devaient s'accomplir toutes les formalités douanières ; depuis que le Mékong se trouve administrativement ouvert à la navigation maritime, l'avenir de Pnom-Penh s'annonce très brillant.

Battambang dans les provinces récemment rendues au Cambodge, Stung-Treng, Kong et Bassac en aval et en amont des rapides du Mékong, sont avec Pnom-Penh et Kampot les principaux centres commerciaux du royaume. Peut-être le peuple cambodgien, aux aspirations nationales duquel la France s'est efforcée de donner satisfaction, retrouvera-t-il dans le domaine économique un peu de cette énergie dont ses ancêtres khmers ont laissé de si merveilleux témoignages dans le domaine artistique et politique.

LE LAOS. — Constitué par de hautes montagnes et des plateaux que couvrent presque entièrement d'épaisses forêts, le Laos (270.000 km²) a des températures relativement basses en hiver (minimum : + 6°) ; mais les orages d'été, ainsi que les miasmes des régions forestières non défrichées, rendent son climat assez malsain.

La population, clairsemée, ne compte guère que 500.000 h.

Les centres les plus importants sont Vien-Tiane, dont l'ancienne prospérité est attestée par de belles ruines, et que son nouveau rôle de chef-lieu administratif du Laos français contribuera peut-être à relever ; — Louang-Prabang, capitale d'un petit royaume protégé qui s'étend de part et d'autre du Mékong.

La pénétration française au Laos et la colonisation de ce pays n'en sont qu'à leurs débuts. Le problème essentiel à résoudre, avant de songer à tirer parti des richesses forestières et minières, est celui des voies de communication. Le Mékong, praticable pour les seules pirogues en amont de Vien-Tiane, à peu près accessible à la navigation à vapeur de Vien-Tiane à Kemmarat, coupé en aval de Kemmarat par plusieurs séries de rapides, n'est pas une voie pratiquement commerciale. Essaiera-t-on de remédier à son insuffisance par des tronçons de voie ferrée qui établiraient le courant commercial du Laos au Cambodge ? Voudra-t-on donner au Laos quelques débouchés vers la côte d'Annam ?

A défaut d'une solution française, c'est la voie ferrée de Korat qui drainera vers le Siam la plus grande partie des produits du Laos.

*
* *

LA FRANCE EN EXTRÊME-ORIENT. — L'Indochine n'est pas seulement par elle-même une belle et désirable colonie, elle est aussi une des possessions européennes les plus heureusement situées à l'entrée du monde jaune.

Vers les provinces méridionales de la Chine (Yun-nan et Sseu-Tchouen), le Golfe du Tonkin ouvre la voie d'accès la plus rapide et la plus commode.

Pour aller à Yun-nan-sen, il fallait avant 1910 par la

voie française du Song-Koï, de 22 à 25 jours, — par la voie anglaise de Birmanie, de 37 à 39 jours, — par la voie chinoise, de 43 à 45 jours. Le prix de transport de la balle de coton, qui s'élevait à 62 francs par la Birmanie, n'était déjà que de 37 francs par le Tonkin. Cette situation a été encore beaucoup améliorée par le prolongement sur Yun-nan-sen de la voie ferrée Haïphong-Laokay (douze heures de Hanoï à Laokay) ; le chemin de fer, doublant la voie fluviale du Fleuve Rouge, permettra d'exporter facilement le thé, l'arsenic et l'étain du Yun-nan. Haïphong pourra enlever à Canton une partie du commerce de la Chine méridionale.

Nous nous sommes assuré d'ailleurs une position privilégiée dans toute cette Chine méridionale. Par traité, les provinces du Yun-nan, du Kouang-Si et du Kouang-Toung ont été placées dans la sphère d'intérêts de la France, qui a le monopole de la construction des chemins de fer, de l'exploitation des mines, etc.

La Chine nous a en outre garanti l'inaliénabilité de la grande île de Haïnan, qui ferme le Golfe du Tonkin. Nous avons ainsi la certitude qu'aucune puissance rivale ne viendra s'installer à nos portes.

En 1898, nous avons obtenu la concession à bail pour 99 ans du territoire de Kouang-Tchéou, peuplé de 200.000 hab. environ. La Baie de Kouang-Tchéou-Ouan, qui occupe une excellente position entre le Tonkin et Hong-Kong, est la seule rade facilement accessible aux navires marchands sur une côte généralement inhospitalière.

Enfin, les ports de Canton et de Chang-Haï ont des concessions françaises soustraites à la juridiction chinoise, et qui sont de minuscules colonies.

Dans toute cette région de la Chine, des bureaux de poste, des écoles, des hôpitaux français, entretenus aux frais de la métropole ou de l'Indochine, étendent et maintiennent notre influence.

La France a en Extrême-Orient une situation politique que pourraient lui envier tous les autres peuples européens. Il ne tient qu'à elle d'en tirer des avantages économiques correspondants.

CHAPITRE XV

NOS PETITES COLONIES : SOMALIE, INDE, OCÉANIE, AMÉRIQUE

La Somalie française. — L'Inde française. — Les Iles du Sud. — La Nouvelle-Calédonie. — Les archipels polynésiens. — La Guyane française. — Les Antilles françaises. — Saint-Pierre et Miquelon.

LA SOMALIE FRANÇAISE. En soi, la Côte française des Somali (fig. 94), frange littorale d'une région quasi

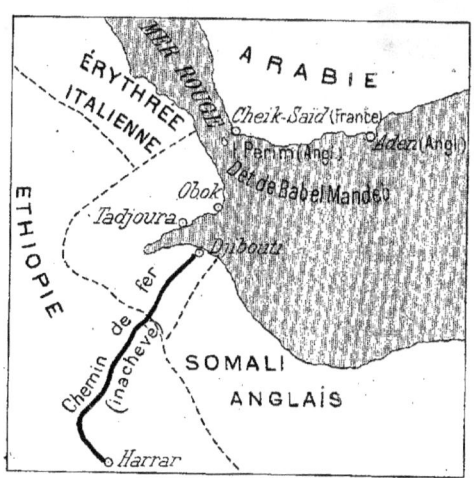

Fig. 94. — *La Côte française des Somali.*

désertique, n'a que fort peu de valeur. Mais elle doit une

très grande importance à sa situation à l'issue de la Mer Rouge, en face du poste anglais d'Aden. Le port de Djibouti (15.000 hab.; fig. 95), fondé en 1888 pour remplacer Obok, est ainsi une escale de premier ordre sur les lignes de navigation vers l'Extrême-Orient.

La Somalie française est en outre le débouché des pro-

Fig. 95. — *Une place de Djibouti.*

duits du Pays Galla (gomme, encens) et de l'Éthiopie (café, coton, ivoire).

C'est pour drainer ces produits qu'on a entrepris la construction d'un chemin de fer, qui part de Djibouti et tend vers Harar et Addis-Ababa.

Par là s'explique l'essor considérable et constant des transactions commerciales de notre colonie : elles ont atteint, en 1907, 39 millions de francs, dont 16 aux importations et 23 aux exportations, en augmentation de 14 millions sur la moyenne de la période 1901-1906.

En face de la Somalie, sur la côte d'Arabie, la France revendique la presqu'île de Cheikh-Saïd, pourvue d'un excellent mouillage et qui compléterait merveilleusement

Djibouti. Mais jusqu'ici Cheik-Saïd n'a pas été occupé effectivement.

Fig. 96. — *Les Établissements français de l'Inde.*

L'INDE FRAN- Un peu plus de 500 km² et de 275.000 hab.,
ÇAISE. voilà tout ce qui nous reste de l'Inde (fig. 96),

Fig. 97. — *Le territoire de Pondichéry.*

dont Dupleix voulait nous assurer l'empire. Et ces territoires — comptoirs, loges, aldées — sont isolés, morcelés à

l'extrême, englobés dans les possessions anglaises (fig. 97).
Les principaux sont les territoires de Mahé sur la Côte de
Malabar, de Karikal et de Pondichéry (50.000 hab.) sur
la Côte de Coromandel, de Yanaon sur la Côte d'Orissa,
de Chandernagor sur un bras du Gange inférieur.

Ils font un commerce assez actif d'huile d'arachide et
de cotonnades. Leurs transactions se sont élevées en 1907
à 33 millions, dont la moitié environ avec la France.

LES ILES DU SUD.   Dans les brumes des mers australes, la France possède les Iles Amsterdam, Saint-Paul, et, plus près encore des régions polaires antarctiques, l'Ile Kerguelen, ou de la Désolation.

Les unes et les autres sont inhabitées. Seules, Amsterdam et Saint-Paul sont parfois fréquentées par les pêcheurs de la Réunion qui viennent y capturer la morue, la langouste, l'otarie, la baleine.

Mais ces deux îles pourraient devenir des dépôts de charbon sur la route entre le Cap et l'Australasie. L'île Kerguelen conviendrait comme colonie pénitentiaire, ce qui permettrait de rendre la Nouvelle-Calédonie et la Guyane à la colonisation libre.

LA NOUVELLE-CALÉDONIE.   La Nouvelle-Calédonie (fig. 98), de laquelle dépendent plusieurs groupes de petites îles (Iles des Pins, Loyalty, Huon, Chesterfield, et plus loin Iles Wallis et Horn), se dresse comme une sentinelle avancée de la France dans le Pacifique, à 6.000 lieues de notre pays, presque aux antipodes, et à 600 lieues de l'Australie.

Située par 21° de lat. S., à 2.200 km. de la côte australienne, la Nouvelle-Calédonie est la plus vaste de nos possessions océaniennes : elle a 20.000 km^2, 2 fois et demie environ la Corse. Fragment d'un ancien continent effondré, elle est très montagneuse : les massifs (1.634 m. au Mont Humboldt) et les plateaux y alternent, séparés par de profondes vallées. Tout autour de l'île s'étend une barrière de coraux contre lesquels vient se briser la houle.

Le climat est chaud sans excès (36° au maximun, 12° au minimum) ; l'humidité est bien répartie entre les diverses périodes de l'année. La côte Sud-Ouest, plus humide, est couverte de forêts (palétuviers sur les côtes, palmiers,

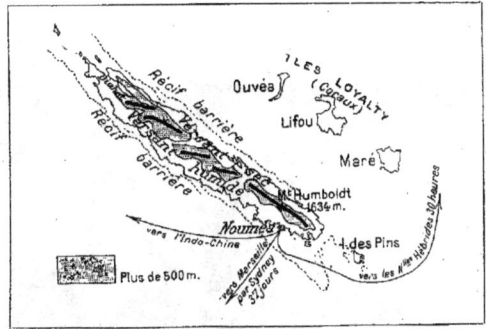

Fig. 98. — *La Nouvelle-Calédonie.*

cocotiers, lianes à caoutchouc sur les pentes) et de pâturages ; la côte Nord-Est, plus sèche, convient aux cultures et notamment à celles du caféier. Le sous-sol n'est pas moins riche ; il recèle la houille et plusieurs métaux (fer, cobalt, chrome, surtout nickel).

La population indigène est formée par les Canaques (fig. 99 et 100), peuple mélanésien dont la civilisation est très arriérée ; le nombre des Canaques diminue sans cesse : il est à l'heure actuelle d'environ 30.000.

La France est installée définitivement en Nouvelle-Calédonie depuis 1853. Elle en a fait tout d'abord une colonie pénitentiaire : « ce coin du paradis terrestre devint un bagne » en 1864. Les résultats obtenus furent très médiocres : libérés et récidivistes sont pour la Nouvelle-Calédonie une charge en même temps qu'un danger.

En 1894, on essaya de la colonisation libre. Environ 10.000 petits colons se sont installés dans l'île depuis cette époque. Ils pensaient trouver des ressources dans l'exploitation agricole; mais de graves mécomptes les attendaient.

Cliché Lévy.

Fig. 99. — *Pirogue canaque à balancier.*

Les terrains fertiles ne sont pas très vastes et ils sont trop disséminés. Le climat, plus tempéré que tropical, rend aléatoires les cultures riches : celle du café, sur laquelle on fondait de très grandes espérances, trouve devant elle la redoutable concurrence des cafés brésiliens.

L'élevage du bœuf selon les méthodes argentines donne de meilleurs résultats ; mais les débouchés font défaut. L'Australasie, qui serait le marché rêvé, est elle-même un grand pays d'élevage.

Ajoutons que la main-d'œuvre est coûteuse, malgré l'introduction en Nouvelle-Calédonie de coulis javanais, et que les transports sont à trop haut prix, en raison de l'insuffisance des routes donnant accès vers l'espèce de rade elliptique ménagée tout autour de l'île par les bancs de coraux.

La petite colonisation n'a pu aboutir qu'à un échec lamentable, dont il lui sera difficile de se relever. Les détenus

Cliché du Véraseope Richard.

Fig. 100. — *Cases canaques, à la Nouvelle-Calédonie.*

et les libérés forment encore la grosse majorité des 26.000 blancs de la Nouvelle-Calédonie.

La véritable et presque la seule valeur économique de la Nouvelle-Calédonie réside dans son sous-sol, mais l'exploitation des mines ne peut guère se faire que par de grandes entreprises.

De toutes les richesses minières de la Nouvelle-Calédonie (cuivre, nickel, cobalt, chrome, fer, houille), trois surtout donnent lieu à une exploitation intensive et régulière : pour le nickel, la Nouvelle-Calédonie vient au deuxième rang dans le monde, après le Canada ; pour le cobalt, elle vient au premier rang ; pour le chrome, au deuxième (après la Turquie d'Asie). Les minerais constituent à eux seuls 83 p. 100 des exportations de la colonie.

L'infériorité de la Nouvelle-Calédonie à cet égard est son éloignement de l'Europe et sa situation en dehors des grandes lignes de navigation, ce qui accroît sensiblement le prix des transports. Ce défaut est d'autant plus grave que les minerais ne sont pas traités sur place, mais transportés dans les usines d'affinage que les Sociétés minières possèdent en Europe. Dans ces dernières années, la production minière a été sensiblement restreinte.

Aussi une crise très grave sévit-elle depuis 1902 sur la Nouvelle-Calédonie. Le commerce extérieur s'est abaissé en 1907 à moins de 18 millions de francs, en diminution de 5 millions sur la moyenne de la période quinquennale 1901-1905. Il se fait pour un peu moins de moitié avec la France.

La Nouvelle-Calédonie et ses dépendances, qui comptent au total 55.000 hab., sont administrées par un gouverneur qui réside à Nouméa (7.000 hab.), le seul centre urbain de quelque importance.

Les Nouvelles-Hébrides, soumises à un condominium franco-britannique, ont environ 700 colons européens (2/3 de Français, 1/3 d'Anglais ou d'Anglo-Australiens).

LES ARCHI-PELS POLYNÉSIENS. — Les Établissements français de l'Océanie (fig. 101) comprennent une centaine d'îles de la Polynésie, dispersées à travers une portion de l'Océan qui mesure 600 lieues de long sur 500 de large ; ces îles n'occupent au total guère plus de 4.000 km², peuplés de 30.000 hab.

Les unes volcaniques et entourées généralement de récifs

coralliens (Iles de la Société, Iles Marquises, IlesGambier, Iles Toubouaï, Ile Rapa), les autres purement coralliennes (Iles Touamotou), ces îles détiennent une situation importante sur la future route de Panama à Sydney.

De climat tropical atténué par l'influence océanique, elles ont une belle végétation de cocotiers, et peuvent con-

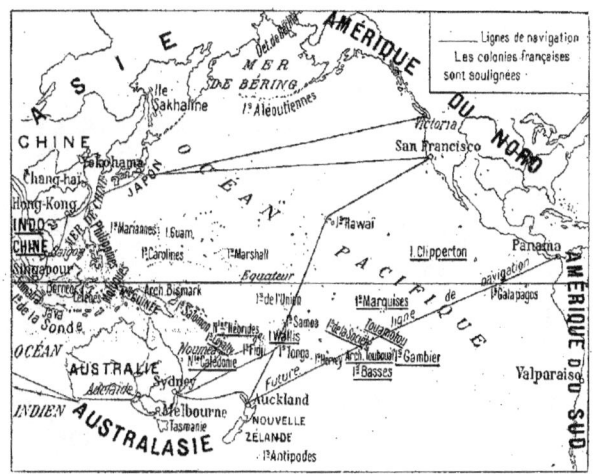

Fig. 101. — *L'Océanie française.*
Les possessions françaises sont soulignées.

venir aux cultures tropicales les plus diverses : vanille, café, canne à sucre, etc.

Leur population indigène (fig. 102), qui paraît se rattacher à la race polynésienne des Maori, est intelligente, mais peu active ; au reste, elle diminue de nombre avec une rapidité effrayante.

Menus et dispersés, nos établissements océaniens n'ont de valeur propre — en dehors de leur valeur de position — que comme producteurs de vanille, de copra (amande desséchée du cocotier) et de perles ou de nacre provenant des huîtres pêchées dans les lagons.

Ils sont d'ailleurs trop loin de la France, à laquelle ils sont moins bien reliés qu'à San-Francisco ou qu'à Auckland. Un unique vapeur fait, depuis une dizaine d'années, le

Cliché du Vérascope Richard.
Fig. 102. — *Tahitiennes*.

service régulier de Marseille aux Iles de la Société, Marquises et Touamotou.

Comme la Nouvelle-Calédonie, la Polynésie française traverse actuellement une crise, occasionnée par la baisse de prix de la vanille, la dévastation des fonds de perles et les terribles cyclones de 1905. Le commerce en 1907 était de 7 millions, en diminution sensible sur la moyenne de la période 1901-1905. La part de la France, de plus en plus faible, n'est que de 12 p. 100 dans l'ensemble de ces transactions.

Les Établissements français de l'Océanie sont administrés par un Gouverneur qui réside à Papeete (4.000 hab.) dans l'Ile Tahiti (fig. 103), la principale de nos possessions polynésiennes.

L'Ilot Clipperton, à l'Ouest de l'Amérique Centrale, est inhabité. Il pourra prendre quelque importance après le percement de l'Isthme de Panama. Il est occupé en grande partie par des dépôts de guano.

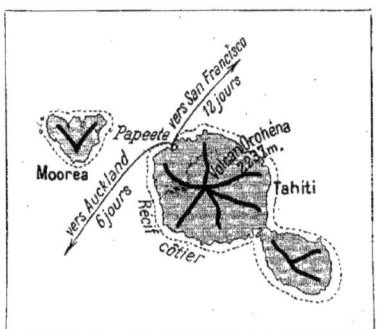

Fig. 103. — *Les Iles de la Société.*

LA GUYANE FRANÇAISE. La Guyane française (fig. 104) est la plus vaste de nos vieilles colonies. Son territoire de 80.000 km², compris entre 2° et 6° de lat. N., s'étend sur un espace égal à 20 départements. Les monts Tumuc-Humac, qui le limitent au Sud, dominent un plateau auquel font suite des plaines basses ; la côte est absolument plate.

Les pluies équatoriales alimentent de nombreuses rivières (Maroni, Oyapock), qui malheureusement sont coupées de rapides au point où elles entrent en plaine.

La Guyane est occupée en majeure partie par la forêt vierge riche en caoutchouc, en arbres à fruits oléagineux et en bois précieux. Le sol, très fertile, est propre à la plupart des cultures tropicales. Le sous-sol recèle des mines d'or à peine effleurées, quoiqu'on en ait retiré pour plus de 400 millions de francs.

Mais, si les richesses naturelles de la Guyane sont considérables, le parti que nous en avons tiré est insignifiant. C'est que la Guyane a le renom d'un pays sinistre. Elle le doit à son climat équatorial, rendu plus malsain encore

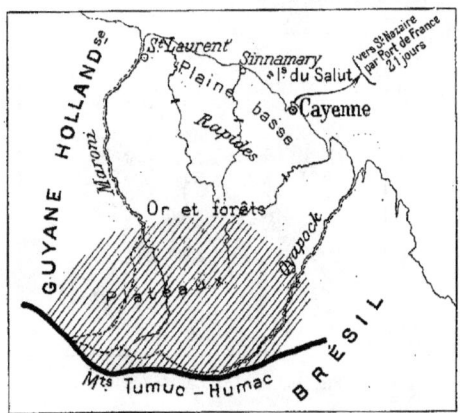

Fig. 104. — *La Guyane Française*.

par l'abandon dans lequel on l'a laissée ; elle le doit aussi pour une large part à sa qualité de colonie pénitentiaire.

Aussi l'aménagement du pays est-il nul. Les régions côtières, où s'élève Cayenne (13.000 hab. ; fig. 105), qui groupe à elle seule la moitié des habitants recensés, sont presque abandonnées, et les quelques travaux publics qui y avaient été effectués sont en ruines. Quant à l'intérieur, il échappe à peu près complètement à notre action : il faut des semaines pour se rendre à travers la forêt vierge sur les placers aurifères, où l'on estime qu'il y a 70.000 personnes non touchées par le recensement, et dont l'or contribue pour 10 millions 1/2 au commerce d'exportation, lequel ne dépasse pas 11 millions au total; ce chiffre serait d'ailleurs sensiblement plus fort, si une importante quantité d'or n'était exportée en fraude.

L'une des tâches les plus urgentes de la colonisation

Cliché du Vérascope Richard.
Fig. 105. — *A Cayenne.*

consisterait à relier les placers à Cayenne par un chemin de fer français, si l'on ne veut pas que tout le commerce soit drainé vers Paramaribo par la voie ferrée que projettent les Néerlandais. Des services réguliers de paquebots mettent Cayenne en relations avec Saint-Nazaire (21 jours).

Il est grand temps que la France consacre une partie de ses efforts à sa Guyane, dont l'abandon contraste si lamentablement avec la prospérité des Guyanes britannique et néerlandaise. Il ne faut pas qu'on puisse dire plus longtemps que nous entretenons une tache de barbarie sur la côte d'Amérique.

LES ANTILLES FRANÇAISES. De nos anciennes possessions aux Antilles, il ne nous reste que la Martinique, la Guadeloupe et ses dépendances (Marie-Galante, la Désirade, les Saintes), Saint-Barthélémy et la moitié Nord de Saint-Martin, au total un territoire dont la superficie (2.700 km²) ne dépasse pas celle du département du Rhône.

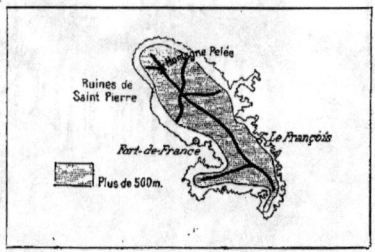

Fig. 106. — *La Martinique.*

Ces îles, pour la plupart volcaniques (Montagne Pelée de la Martinique, Soufrière de la Guadeloupe), accidentées de « pitons » aigus et de « mornes » arrondis, ont un sol très fertile et jouissent d'un climat chaud et humide, anémiant pour l'Européen dans les régions basses, très supportable, souvent même agréable, dans les régions hautes. Elles comptent parmi les terres tropicales les plus anciennement colonisées par les Européens.

Très peuplées — il y a 180.000 hab. à la Guadeloupe et 130.000 à la Martinique, ce qui fait par endroits une densité de 200 hab. au km², — nos Antilles ne comptent qu'un assez faible nombre de blancs. L'immense majorité de la population est constituée par les éléments de couleur, nègres ou métis, descendants des esclaves introduits dans les îles par la traite. Non seulement il n'y a plus d'immigration blanche, mais la proportion des noirs et des mulâtres, qui s'accroissent rapidement, est aujourd'hui beaucoup plus forte qu'il y a un siècle.

Cette population est surtout agricole et vit répandue à

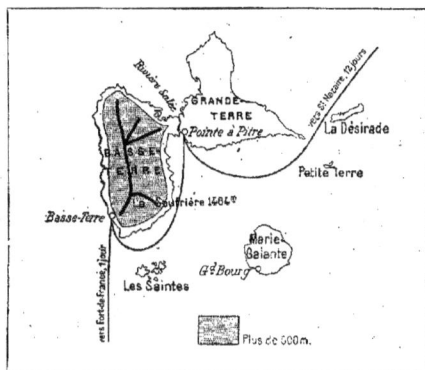

Fig. 107. — *La Guadeloupe et ses dépendances.*

travers la campagne. Les villes, situées sur le littoral, sont petites : depuis la destruction de Saint-Pierre en 1902, la Martinique (fig. 106) a comme centre principal Fort-de-France (22.000 hab.) ; les seules villes de la Guadeloupe (fig. 107) sont : Pointe-à-Pitre (19.000 hab.) et Basse-Terre (8.000 hab.).

Les ressources des habitants sont les cultures tropicales, notamment celle de la canne, employée pour la fabrication du sucre et du rhum ; les plantations de café (« Martinique ») ont presque complètement disparu.

La concurrence du sucre de betterave et l'extension des

plantations de canne à Cuba, à Java, aux Hawaï, ont entraîné pour les Antilles une crise très grave, qui va sans cesse en s'accentuant : de 68 millions en 1882, le commerce de la Guadeloupe s'est abaissé à 28 en 1906, et celui de la Martinique n'est que de 35 millions. Nombre de planteurs se sont vus en quelques années réduits à la misère la plus complète. « Le seul remède qui apparaîtrait à la situation serait, d'une part de créer des cultures secondaires qui sont généralement possibles, cacao, café, coton, etc., et d'autre part de remplacer les usines actuelles, au matériel démodé donnant un faible rendement, par des usines pourvues d'un matériel nouveau qui réduirait sensiblement le prix de revient du sucre industrialisé. Mais pour ces deux manières de faire, il faut des capitaux très importants, et il n'en existe plus dans nos vieilles colonies. » (Chemin-Dupontès.)

Il faudrait aussi exploiter les forêts qui couvrent encore le quart de la superficie des îles et sont presque inutilisées, bien qu'elles renferment de très beaux bois d'ébénisterie et de teinture.

Avant tout, l'outillage des Antilles aurait besoin d'être considérablement amélioré. Les voies de communication sont rudimentaires : ni chemin de fer d'intérêt commun, ni canaux, et presque aucune route praticable. Les ports sont dans un état déplorable. Cependant, des services réguliers de navigation unissent la Guadeloupe et la Martinique à Saint-Nazaire (12 jours).

SAINT-PIERRE ET MIQUELON. De petits rochers porphyriques presque dépourvus de terre végétale, perdus dans les brumes océaniques à une vingtaine de km. de Terre-Neuve, voilà ce que sont Saint-Pierre et Miquelon (fig. 108).

Des hivers encore plus longs que rigoureux, auxquels font suite des étés sans chaleur, rendent la culture presque impossible.

La seule ressource des 6.000 Français qui résident dans les îles est la pêche de la morue dans les eaux de

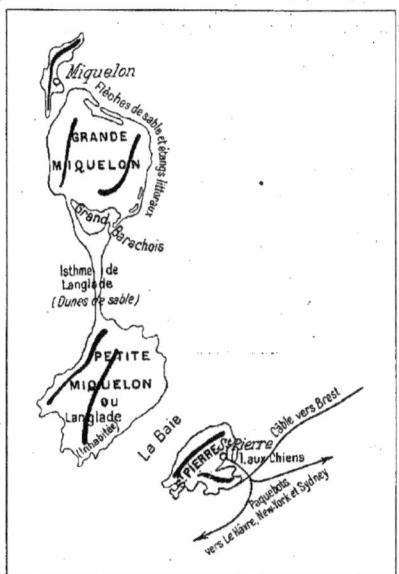

Fig. 108. — *Saint-Pierre et Miquelon*.

Terre-Neuve, et le commerce auquel donne lieu cette pêche.

Malheureusement pour nos pêcheurs, la France a renoncé en 1904 à l'exclusivité de ses droits sur le French Shore de Terre-Neuve (que la morue déserte d'ailleurs de plus en plus), et les pêcheurs de Terre-Neuve se débarrassent d'une concurrence dangereuse, en refusant de vendre l'appât (ou boëtte) aux Saints-Pierrais. Nos armateurs bretons et normands cessent d'envoyer leurs bateaux dans ces parages, et le commerce de Saint-Pierre et Miquelon diminue de jour en jour; il atteignait, il y a dix ans, 20 à 25 millions ; il n'est plus aujourd'hui que de 12 millions, et l'on prévoit plutôt une aggravation qu'une amélioration de ce fâcheux état de choses.

CHAPITRE XVI

L'EMPIRE FRANÇAIS

Son étendue. — Sa valeur : l'Afrique du Nord ; l'Afrique noire ; Madagascar; l'Indochine. — Le terme de notre expansion coloniale. — L'œuvre économique. — L'avenir de la civilisation française.

SON ÉTENDUE. Le domaine colonial de la France comprend donc actuellement : en Afrique, près 9 millions de km^2, — en Asie 700.000 km^2, — en Océanie et en Amérique un peu plus de 100.000 km^2. Si l'on y ajoute les 536.000 km^2 du territoire métropolitain, c'est en chiffres ronds un Empire de 10 millions de km^2 que représentent la France et ses colonies.

Sur ces 10 millions de km^2 vivent environ 85 millions d'hommes, dont une quarantaine sur le sol de la France européenne.

L'Empire Français occupe une des premières places à la surface du globe.

Pour ce qui est de la superficie, l'Empire Britannique (30 millions de km^2), l'Empire Russe (22 millionsde km^2), l'Empire Chinois (11 millions de km^2) et l'Empire des États-Unis (près de 10 millions de km^2) le dépassent ou l'approchent seuls.

Pour ce qui est de la population, seuls le surpassent l'Empire Britannique (400 millions d'hab.), l'Empire Chinois (350 millions d'hab.), l'Empire Russe (150 millions d'hab.), l'Empire des États-Unis (100 millions d'hab.). — L'Empire Allemand ne compte que 75 millions d'hab., colonies comprises.

SA VALEUR. Parmi ces grands empires contemporains, seul l'Empire Britannique a un caractère colonial aussi nettement accusé que l'Empire Français. L'Empire Russe, l'Empire Chinois constituent de grandes masses continentales, où les dépendances extérieures prolongent simplement le territoire des peuples conquérants ; quant aux colonies insulaires des États-Unis, elles sont bien peu de chose à côté de l'énorme bloc américain.

Si l'on se place sur le terrain proprement colonial, c'est donc avec le domaine de l'Angleterre, avec ceux du Portugal, des Pays-Bas, de la Belgique et de l'Allemagne, que la comparaison peut offrir le plus d'intérêt.

Aucun ensemble colonial ne peut être mis en parallèle avec l'Empire Britannique : c'est de beaucoup le plus riche et le plus varié. Réparti sur toutes les mers et à la surface de tous les continents, il comprend des positions stratégiques qui dominent toutes les grandes routes du globe : Gibraltar, Malte et l'Égypte dans la Méditerranée, — Aden et Singapour aux portes de l'Océan Indien, — la Jamaïque sur la future route de Panama, etc. Ses colonies tempérées (Canada, Australasie, Afrique australe), offrent des réserves de peuplement presque illimitées. De ses colonies d'exploitation, l'Inde à elle seule suffirait à combler les désirs et à occuper l'activité de tout autre peuple colonisateur.

Mais en dehors de l'Empire Britannique, il n'y a pas à l'heure actuelle d'Empire colonial qui puisse supporter la comparaison avec l'Empire colonial français. Les Pays-Bas, le Portugal, l'Allemagne et la Belgique n'ont que des colonies équatoriales et tropicales, parmi lesquelles les seules véritablement riches sont les Indes néerlandaises et le Congo belge ; les véritables colonies de peuplement leur manquent complètement, les positions maritimes d'une réelle valeur stratégique leur font à peu près défaut.

Seule la France, après l'Angleterre, possède un ensemble de colonies qui réponde à presque toutes les nécessités politiques et suffise à tous les besoins économiques.

Au point de vue stratégique, nous occupons des positions importantes sur toutes les mers du globe ; toutes ne sont pas fortifiées, mais toutes comportent des dépôts de charbon et des facilités d'approvisionnement. Dans la Méditerranée, Bizerte commande le passage du bassin occidental au bassin oriental. Dans l'Atlantique, Dakar et Fort-de-France sont de précieux points de relâche. Dans l'Océan Indien, Djibouti et Diégo-Suarez assurent le ravitaillement des escadres sur les routes des Indes et de l'Extrême-Orient. Dans le Pacifique, le Cap Saint-Jacques et Nouméa surveillent l'Extrême-Orient.

Au point de vue politique, l'Afrique du Nord-Ouest, Madagascar et l'Indo-Chine assurent notre action et le rayonnement de notre civilisation dans les quatre grandes mers autour desquelles se jouent les destinées de l'humanité.

Au point de vue économique, nous possédons à la fois des colonies de peuplement et des colonies d'exploitation. Si, dans la zone tropicale, la capacité de peuplement des plateaux de Madagascar et de la Nouvelle-Calédonie est restreinte, en revanche, dans la zone tempérée, l'Afrique du Nord offre aux émigrants français, espagnols et italiens des conditions absolument favorables au développement d'une nouvelle race blanche. Aux productions végétales et minérales (blé, vin, olives, fer, phosphates) de nos possessions méditerranéennes, nos colonies tropicales et équatoriales ajoutent les produits les plus variés et les plus différents de ceux que présente notre propre sol : coton, caoutchouc, café, riz, épices, — or et nickel.

Notre Empire colonial satisfait donc, dans son ensemble, aux conditions qui sont sa raison d'être : d'une part il offre un libre champ à la colonisation agricole de ceux des Français auxquels la métropole paraît offrir des horizons trop restreints, d'autre part il fournit à notre industrie les matières premières que la France ne produit pas, et les débouchés que la surproduction européenne exige de plus en plus.

L'Afrique du Nord, l'Afrique équatoriale et tropicale, Madagascar, l'Indochine sont, à ces divers points de vue, les parties essentielles de l'Empire Français.

L'AFRIQUE DU NORD. Si l'on ne considère que les besoins de la clientèle française, l'Afrique du Nord nous est surtout précieuse par ses richesses minérales ; ses minerais de fer et ses phosphates sont d'une importance primordiale pour notre industrie et notre agriculture. Les produits agricoles de l'Algérie et de Tunisie — céréales, vins, olives, moutons — ont pour la plupart l'inconvénient de concurrencer les produits similaires de la métropole ; seuls l'alfa, le liège, les dattes, sont un apport nouveau sur le marché français.

Mais ce sont précisément les ressources agricoles de l'Afrique du Nord qui ont attiré sur le sol algérien et tunisien les colons européens, ce sont elles qui ont créé de l'autre côté de la Méditerranée une nouvelle France dont les intérêts doivent être considérés comme solidaires de ceux de la métropole tout autant que les intérêts de la Corse ou du Roussillon sont considérés comme solidaires de ceux de la Bretagne ou de la Lorraine. Les vins de Languedoc et d'Algérie, les olives de Provence et de Tunisie sont des produits français au même titre, et l'accroissement global de la production française ne peut être considérée que comme un accroissement de la richesse générale de la France : penser et agir autrement serait, pour les Français de la métropole, à la fois une grave injustice et une maladresse politique.

Aussi bien est-ce surtout un intérêt politique que présente pour la France la possession de l'Algérie et de la Tunisie, intérêt politique tel que la situation de la France dans le monde serait changée du tout au tout si l'Afrique du Nord n'était plus française.

Or, plus les populations de la Berbérie nous seront attachées, plus solide sera pour nous le point d'appui militaire et politique que l'Afrique méditerranéenne doit constituer. Il ne serait pas sage, pour la métropole, d'user avec trop de vigueur de ses droits de suzeraineté ; il ne serait pas sage, après avoir remis à l'Algérie la responsabilité et, dans une mesure chaque jour croissante, la charge de sa gestion financière, de vouloir l'empêcher d'aménager à sa guise ses propres richesses. Et surtout la France doit s'appliquer à concilier les différentes races en présence, à satisfaire les aspirations matérielles et morales de chacune d'elles : selon ce que sera la politique française non seulement vis-à-vis de l'élément purement français, mais vis-à-vis des colons étrangers et des indigènes, selon que le rapprochement de ces différents groupes s'opérera plus plus ou moins sincèrement, l'Algérie-Tunisie sera pour nous une cause de faiblesse ou de force.

L'*AFRIQUE NOIRE.* Au sud du Sahara, les « Indes Noires » ne vaudront sans doute jamais les véritables Indes ; mais d'ores et déjà l'on peut bien augurer de leur prospérité future ; elles seront pour nous une ferme d'où nous pourrons tirer, en toute sécurité économique, les produits tropicaux que notre sol ne peut fournir : arachides, coton, caoutchouc, huile de palme, café, cacao.

L'œuvre civilisatrice qui s'impose à la France dans l'Afrique noire est une œuvre de relèvement moral et social ; c'est là vraiment que nous sommes en état et en devoir de jouer, vis-à-vis de races abâtardies ou en enfance, ce rôle de tuteurs et d'éducateurs qui est la justification et le plus beau titre de gloire de la politique coloniale.

Dès maintenant la paix règne à peu près dans ces immenses territoires qu'ont pendant tant de siècles dévastés la guerre et l'esclavage. Cette paix, en même temps qu'elle assure le bien-être des indigènes, contribue à notre tranquillité et à notre puissance dans le monde. Les qualités militaires des populations, utilisées pour la constitution des bataillons de tirailleurs noirs, ont été jusqu'à présent au Soudan la meilleure sauvegarde de l'ordre nouveau ; elles peuvent devenir pour nous, au nord même du Sahara, un précieux surcroît de force militaire, qui laisserait disponibles en Europe les troupes blanches occupées actuellement à garder l'Afrique du Nord.

MADAGASCAR. Madagascar ne paraît pas offrir les mêmes chances d'avenir que nos trois autres grands groupes coloniaux. Mais, si elle n'est pas la terre des merveilles que l'on s'est plu quelquefois à y voir, ce n'est pas non plus une île désolée. Avec de la prudence et de la patience, cette colonie jeune, de population peu nombreuse, d'un outillage tout récent et encore incomplet, sera en mesure de justifier quelques-unes des espérances que l'on a mises en elle. Ses plateaux peuvent nourrir un certain nombre de colons français, et offrent à l'élevage d'assez belles perspectives ; son littoral peut compléter notre approvisionnement de caoutchouc et de denrées tropicales.

Au point de vue stratégique, Madagascar occupe dans l'Océan Indien une position de tout premier ordre, à portée de l'Afrique australe, de la Mer Rouge, des Indes et de l'Extrême-Orient. Dans un grand conflit maritime, Diégo-Suarez commanderait une des principales routes du monde.

L'INDOCHINE. L'Indochine est la plus riche et la plus peuplée de nos colonies. Le riz, le coton, le thé, le mûrier, les épices, les bois d'ébénisterie lui permettent de rivaliser pour la richesse agricole avec n'importe quel autre pays d'Extrême-Orient ; ce que nous connaissons de ses richesses minérales est d'un excellent augure pour l'avenir. C'est vraiment là un précieux morceau des « Grandes Indes ».

Mais l'Indochine est de toutes nos colonies celle où notre domination est le plus précaire. Les liens entre elle et la métropole sont assez lâches, ne serait-ce que par le seul fait de la distance. Les Indochinois ont les regards tournés plutôt vers le monde jaune d'Extrême-Orient, dont ils sont partie intégrante, que vers le monde blanc de l'Occident. Sans doute il est avantageux pour nos fabricants et nos commerçants de trouver en Indochine une clientèle habituée à un certain bien-être, clientèle qui n'existe guère dans l'Afrique noire par exemple. Mais le fait que ces races jaunes ont une civilisation et une mentalité différentes des nôtres, le fait qu'elles peuvent trouver contre nous un secours chez d'autres peuples jaunes, n'est pas de nature à faciliter notre tâche. Ce ne sont pas nos quelques milliers de soldats européens, nos quelques unités navales, ce ne sont pas les fortifications du Cap Saint-Jacques qui mettraient notre Indochine à l'abri d'une invasion japonaise ou chinoise.

Il est donc essentiel pour nous de faire sentir aux indigènes que notre tutelle leur est à la fois la plus profitable et la plus légère. Il faut d'abord que notre domination s'affirme et se justifie par des créations utiles : quelques canaux d'irrigation dans le delta tonkinois contribueront efficacement à la sécurité de notre établissement en Extrême-Orient. Il importe, ensuite, d'associer à l'administration politique de leur propre pays ces populations très anciennement civilisées, et habituées depuis des siècles à des institutions originales. C'est dans l'accord avec les Annamites et les Cambodgiens, avec ces peuples autonomes qui ont si longtemps souffert des incursions chinoises ou siamoises, que notre œuvre trouvera son fondement le plus solide, ses meilleures garanties de durée.

Sans oublier que les Anglais aux Indes, les Hollandais dans les Iles de la Sonde, les Américains aux Philippines, ont à résoudre des problèmes analogues, dans des conditions peut-être plus délicates encore, il importe que nous tenions sérieusement compte d'une situation qui dans certaines circonstances pourrait revêtir un caractère de véritable gravité.

LE TERME DE NOTRE EXPANSION COLONIALE. — Tel quel, notre second empire colonial, constitué à la fin du XIX⁰ siècle, suffit amplement à notre activité et à nos besoins. Pour un peuple comme le nôtre, qui peut exporter plus de capitaux que d'hommes, plus d'intelligences que de bras, c'est assez d'avoir l'Afrique du Nord comme champ d'immigration et de colonisation agricole ; ce n'est pas trop en revanche d'avoir une bonne partie de la zone équatoriale et tropicale de l'ancien continent comme champ d'exploitation économique.

Si nous jetons un regard d'ensemble sur l'œuvre accomplie, si nous essayons de préciser l'œuvre qu'il serait souhaitable de voir maintenant effectuer, nous pouvons regretter, au point de vue territorial, que les nécessités d'une rapide prise de possession aient donné si peu de cohésion à notre empire africain. Sans doute nous avons pu assurer, seuls parmi tous nos rivaux européens, la liaison entre toutes nos colonies de la Méditerranée, de l'Afrique occidentale et de l'Afrique orientale, mais cette liaison artificielle s'est opérée parfois sans tenir compte des véritables relations économiques. Le jour où les conditions de la politique générale le permettraient, il serait avantageux pour nous, comme pour nos voisins d'ailleurs, d'harmoniser davantage nos domaines africains ; à cet égard les pays du Chari et du Tchad, dont les débouchés naturels ne nous appartiennent pas, pourraient offrir d'excellents territoires d'échange ; nous perdrions bien peu en les abandonnant.

A part ces légères rectifications de frontières, nous n'avons plus à souhaiter aujourd'hui que la solution définitive, à notre profit, de la question du Maroc, solution qu'il n'est pas d'ailleurs nécessaire d'envisager sous une forme belliqueuse et conquérante.

Il y a là pour la France un intérêt national de premier ordre, qui relègue au second plan toutes les autres questions coloniales. La grandeur et la sécurité de notre pays dépendent, dans la plus forte mesure possible, de sa situation dans l'Afrique du Nord. Si nous ne commettons pas de fautes nouvelles, la solution du problème marocain semble d'ailleurs en bonne voie. Laisser mûrir le fruit pour d'autres que pour nous serait de notre part une erreur plus grave encore que ne le fut l'abandon de l'Égypte. Reculer, en cas de conflit, devant les suprêmes sacrifices pour maintenir notre situation dans l'Afrique du Nord serait commettre une faute ou un crime plus grands que ceux dont le gouvernement de Louis XV se rendit coupable lorsqu'il abandonna le Canada.

Le jour où sera complètement réglée en notre faveur la question marocaine, notre empire colonial aura donc atteint toute son ampleur ; nous pourrons nous désintéresser désormais de toute nouvelle acquisition territoriale. « A la période d'expansion, à l'ère héroïque des annexions rivales et des partages précipités doit maintenant succéder la période d'exploitation pratique et régulière ; à la conquête, à son provisoire, à ses procédés nécessairement brusques et sommaires, la mise en valeur du nouvel empire, l'installation de nos colons, de nos commerçants, de nos méthodes d'administration civilisée. » (Eugène Étienne.)

L'ŒUVRE ÉCONOMIQUE. En 1907, la France faisait avec ses colonies un commerce de 1.300 millions, dont plus de 600 millions pour l'importation en France, et près de 700 millions pour l'exportation. En voici le détail :

	Importation en France.	Exportation de France.
Algérie.	290 millions.	392 millions.
Tunisie.	70 —	84 —
Afrique Occidentale . .	64 —	44 —
Congo Français (Afrique Équatoriale)	6 —	5 —
Madagascar et dépendances.	22 —	31 —
Indochine . . , ...	60 —	81 —
Petites colonies. . . .	92 —	41 —

Ces chiffres sont à eux seuls la plus éclatante justification de nos efforts coloniaux. Ils représentent le huitième du commerce spécial de notre pays. L'ensemble de nos colonies se classerait au 2ᵉ rang sur la liste de nos acheteurs, après l'Angleterre, côte à côte avec la Belgique, — au 2ᵉ rang sur la liste de nos vendeurs, derrière l'Angleterre, à la même place que les États-Unis et l'Allemagne. On sent tout ce que la France perdrait si elle perdait cet empire, c'est-à-dire si des barrières politico-douanières venaient à s'élever entre Alger, Tunis, Saïgon, Dakar d'une part, Marseille de l'autre, si l'unité de langue, d'institutions, de mœurs, cessait de fournir de nouveaux clients à nos produits.

Sans doute on peut se demander si l'élargissement de notre marché colonial sera indéfini : nos colonies ne deviendront-elles pas à leur tour des pays industriels ? après avoir, comme consommateurs, contribué pour une large part au relèvement de notre industrie cotonnière, les Annamites par exemple ne se mettront-ils point à fabriquer leurs cotonnades ? ne viendront-ils pas, sur les marchés d'Extrême-Orient, concurrencer nos fabricants de Rouen ou des Vosges, comme les industriels de Bombay y concurrencent déjà ceux du Lancashire ? Cela est possible. Mais, d'autre part, au fur et à mesure que ces peuples s'enrichiront, qu'ils s'élèveront de quelques degrés sur l'échelle économique, ils acquerront des besoins nouveaux, ils réclameront ces produits de luxe dont la France a la spécialité.

Ce qui importe donc surtout désormais, c'est d'augmenter la puissance productive des colonies, et par suite le pouvoir d'achat des indigènes et des colons. Comme il ne saurait y avoir d'agriculture prospère et de commerce lucratif qu'autant que des voies de communication auront été créées, il faut avant tout exécuter les travaux publics nécessaires. La colonisation est, à l'heure présente, une question de travaux publics. « Agriculture féconde, commerce actif, routes (chemins de fer, navigation fluviale) : telles sont les trois conditions qui feront des colonies françaises le champ fécond où récolteront les générations futures. » (Guy.)

A cet égard, l'œuvre est amorcée, mais elle semble progresser un peu trop lentement. L'achèvement de nos chemins de fer coloniaux, l'amélioration des services de navigation et des réseaux télégraphiques qui devraient relier directement toutes les colonies à la métropole, s'imposent avec urgence.

L'AVENIR DE LA CIVILISATION FRANÇAISE. Pour réaliser cette œuvre colossale, la France a besoin du concours des indigènes. Elle doit s'efforcer de les associer de plus en plus à la mise en valeur de leur pays.

Sans doute elle a développé leur instruction ; sans doute elle améliore leurs conditions de vie par des mesures d'hygiène et la création d'un service de santé ; elle recherche et elle vulgarise les cultures les plus rémunératrices et les mieux adaptées au milieu.

Mais ce n'est pas assez ; il faut que l'indigène cesse d'être le vaincu, le sujet, pour devenir l'associé. Cette politique d'association, bien conforme au génie de la France moderne, doit naturellement varier ses formules suivant les lieux et suivant les races ; elle doit se borner à une tutelle paternelle avec ces grands enfants que sont les nègres, elle doit aller jusqu'à une véritable collaboration avec des peuples de haute et originale civilisation, comme les Annamites. Dans l'ensemble elle doit se fonder sur une sage division du travail, où la prépondérance politique de la métropole peut se concilier avec l'activité administrative des indigènes, avec le respect de leurs coutumes et de leur liberté économique.

Notre malheur, ou notre bonheur, a voulu qu'à la différence des Anglais nous nous trouvions, même dans nos domaines de la zone tempérée, face à face avec des races résistantes, et qui n'entendent point mourir. Tandis que les « sauvages », en général, disparaissent misérablement au contact des

Européens et résolvent le problème en le supprimant, les Arabes et les Berbères islamisés de l'Afrique du Nord se sont multipliés, enrichis, élevés à nos côtés. Il faudrait être fou pour oublier que moins d'un million d'Européens ont pour voisins près de six millions de musulmans. Au besoin, l'élite de cette population (en Tunisie dès à présent, demain en Algérie) saurait rappeler son droit à la vie. Là aussi, il s'agit pour nous de respecter les cadres de la société indigène, et de favoriser l'évolution interne de cette société. Bouddhiste en Asie, notre politique doit être musulmane en Afrique. Ici comme là, elle doit être une politique de justice, et elle doit viser à créer, chez les peuples dont nous avons assumé la protection, des intérêts.

Le jour où la France pourra compter sur le solide attachement (affectueux ou intéressé, peu importe) de toutes les races blanches, noires et jaunes groupées sous son égide, elle sera singulièrement forte pour envisager les problèmes que le réveil du monde musulman et de l'Extrême-Orient posera, dans un avenir plus ou moins proche, devant toutes les grandes nations colonisatrices d'Europe et d'Amérique.

Ce jour-là, le rayonnement de la civilisation française ne sera pas assuré seulement par les anciens Français qui peuplent nos colonies perdues — Canada, Maurice, Saint-Domingue —, par les émigrants français qui se portent dans quelques pays américains — Mexique, République Argentine —, par la clientèle morale que nous avons conservée dans le Levant — Turquie, Syrie, Égypte —, il sera puissamment renforcé par toutes les Nouvelles Frances qui, dans la société des nations, ne feront qu'un avec la France d'Europe.

PRINCIPAUX OUVRAGES A CONSULTER

OUVRAGES GÉNÉRAUX

Ministère des Colonies. Statistique Annuelle.
Bulletin du *Comité de l'Afrique française* (depuis 1891).
Bulletin du *Comité de l'Asie française* (depuis 1901).
Bulletin de la *Société de Géographie d'Alger* (depuis 1896).
PAUL LEROY-BEAULIEU. La Colonisation chez les Peuples Modernes. 1874 (réédité).
GAFFAREL. Les Colonies Françaises. 1880 (réédité).
RAMBAUD. La France Coloniale. 1886 (réédité).
DESCHAMPS. Histoire de la Question Coloniale en France. 1891.
DE LANESSAN. Principes de Colonisation. 1897.
VIGNON. L'Exploitation de notre Empire Colonial. 1900.
DUBOIS et TERRIER. Un Siècle d'Expansion Coloniale. 1901.
LEGENDRE. Notre Épopée Coloniale. 1901.
PELET. Atlas des Colonies Françaises. 1902.
PETIT, etc. Les Colonies Françaises, 2 vol. 1902.
DUBOIS et GUY. Album Géographique, IV. 1904.
FÈVRE. La Terre et l'Homme. Les Colonies Françaises. 1906.
LORIN. La France, Puissance Coloniale. 1906.
VAST. La Plus Grande France. 1909.

ALGÉRIE ET TUNISIE

Gouvernement général de l'Algérie. Exposé de la Situation Générale de l'Algérie (Annuel).
Idem. Statistique Générale de l'Algérie (Annuel).
Idem. Documents Statistiques sur le Commerce de l'Algérie (Annuel).
Ponts et Chaussées. Statistique des Ports maritimes de Commerce. Port d'Alger (Annuel).
Ministère des Affaires Étrangères. Rapport au Président de la République sur la Situation de la Tunisie (Annuel).
Idem. Statistique Générale de la Tunisie (Annuel).

PRINCIPAUX OUVRAGES A CONSULTER

HANOTEAU et LETOURNEUX. La Kabylie et les Coutumes Kabyles, 3 vol. 1872-76.

WAHL. L'Algérie. 1882 (5ᵉ édit. mise à jour par A. BERNABD, 1908).

NIOX. Algérie et Tunisie. 1884.

E. RECLUS. Géographie Universelle, XI. 1886.

MASQUERAY. Formation des Cités chez les Populations Sédentaires de l'Algérie. 1886.

Gouvernement général de l'Algérie. Le Pays du Mouton. 1893.

THÉVENET. Essai de Climatologie Algérienne. 1896.

DE LA MARTINIÈRE et LACROIX. Documents pour servir à l'étude du Nord-Ouest Africain, 4 vol. et atlas. 1896-97.

DEPONT et COPPOLANI. Les Confréries Religieuses Musulmanes. 1897.

LAPIE. Les Civilisations Tunisiennes. 1897.

BATTANDIER et TRABUT. L'Algérie. 1898.

BUSSON. Le Développement géographique de la Colonisation Agricole en Algérie (Annales de Géographie, 1898).

RIVIÈRE et LECQ. Manuel pratique de l'Agriculteur Algérien. 1900.

PERVINQUIÈRE. La Tunisie Centrale (Ann. de Géographie, 1900).

A. BERNARD et FICHEUR. Les Régions Naturelles de l'Algérie (Annales de Géographie, 1902).

GAUCKLER. Le Port d'Alger (1530-1902). 1902.

Touring-Club de France. Sites et Monuments de l'Algérie. 1902.

Idem. Sites et Monuments de la Tunisie. 1902.

GINESTOUS. Étude sur le Climat de la Tunisie. 1903.

Guide *Joanne* (JACQUETON, A. BERNARD, GSELL). Algérie et Tunisie. 1903.

LOTH. Le Peuplement Italien en Tunisie et en Algérie. 1905.

HAUSER. Esquisses Algériennes. 1905.

A. BERNARD et LACROIX. L'Évolution du Nomadisme en Algérie. 1906.

DEMONTÈS. Le Peuple algérien. 1906.

RIVIÈRE et LECQ. Cultures du Midi, de l'Algérie et de la Tunisie. 1906.

DELORME. Le Commerce Algérien, 2 vol. 1906.

DE PEYERIMHOFF. Enquête sur les résultats de la Colonisation Officielle en Algérie (1871-1895), 2 vol. 1906.

TRABUT et MARÈS. L'Algérie Agricole. 1906.

CHALON. Les Richesses Minérales de l'Algérie et de la Tunisie. 1907.

LOTH. La Tunisie et l'OEuvre du Protectorat français. 1907.

F. BERNARD. La Colonisation Agricole de la Tunisie (Questions Diplomatiques et Coloniales, 1907).

Thomas. Essai d'une Description Géologique de la Tunisie. 1907.

de Fages et Ponzevera. Les Pêches Maritimes de la Tunisie. 1908 (2ᵉ édition).

Lorin. L'Afrique du Nord. 1908.

Joly. Le Plateau Steppien d'Algérie (Ann. de Géographie, 1909).

Gautier. La Meseta Sud-Oranaise (Ann. de Géographie 1909.

SAHARA

Gouvernement général de l'Algérie. Exposé de la Situation Générale des Territoires du Sud (Annuel).

Fromentin. Un Été dans le Sahara. 1857.

Duveyrier. Les Touareg du Nord. 1864.

Jus. Forages Artésiens de la Province de Constantine. 1878.

Lenz. Timbouctou, 2 vol. 1886.

Schirmer. Le Sahara. 1893.

Flamand. De l'Oranie au Gourara. 1898.

Foureau. Documents Scientifiques de la Mission Foureau-Lamy, 3 vol. 1903-1905.

A. Bernard et Lacroix. La Pénétration Saharienne (2ᵉ édition, 1906).

Gruvel et Bouyat. Les Pêcheries de la Côte Occidentale d'Afrique. 1906.

Vélain. État actuel de nos Connaissances sur la Géographie et la Géologie du Sahara (Revue de Géographie, 1906-1907).

Martin. Les Oasis Sahariennes (Gourara-Touat-Tidikelt). 1908.

Cortier. D'une rive à l'autre du Sahara. 1908.

Gautier. Sahara Algérien. 1908.

Chudeau. Sahara Soudanais. 1909.

AFRIQUE OCCIDENTALE ET AFRIQUE ÉQUATORIALE

Gouvernement général de l'Afrique Occidentale Française. Annuaire.

Borius. Recherches sur le Climat du Sénégal. 1874.

Galliéni. Voyage au Soudan Français. 1885.

Savorgnan de Brazza. Conférences et Lettres. 1887.

Binger. Du Niger au Golfe de Guinée, 2 vol. 1892.

Monteil. De Saint-Louis à Tripoli par le Lac Tchad. 1894.

Busson. Le Régime du Niger (Annales de Géographie, 1895),

Maistre. A travers l'Afrique Centrale. 1895.

Dubois. Tombouctou la mystérieuse. 1897.

Toutée. Du Dahomé au Sahara. 1899.

Le Chatelier. L'Islam dans l'Afrique Occidentale. 1899.
D'Ollone. De la Côte d'Ivoire au Soudan et à la Guinée. 1901.
Baillaud. Sur les Routes du Soudan. 1902.
Lenfant. Le Niger. 1903.
Lenfant. La Grande Route du Tchad. 1905.
Machat. Les Rivières du Sud et le Fouta-Djallon. 1906.
Pobéguin. Essai sur la Flore de la Guinée Française. 1906.
Gouvernement général de l'Afrique Occidentale Française. 16 notices. 1906-1907.
Desplagnes. Le Plateau Central Nigérien. 1907.
Goffin. Le Chemin de fer du Congo. 1907.
Arcin. La Guinée Française. 1907.
Chevalier. L'Afrique Centrale Française. 1907.
Freydenberg. Le Tchad et le Bassin du Chari. 1908.
H. Hubert. Mission scientifique au Dahomey. 1908.
Lenfant. La Découverte des Grandes Sources du Centre de l'Afrique. 1909.
Marc. Le Pays Mossi. 1909.
Chevalier. Les Hauts-Plateaux du Fouta-Djallon (Annales de Géographie, 1909).
Tilho. Documents Scientifiques de la Mission Tilho. 1910.

MADAGASCAR

Comité de Madagascar. Revue de Madagascar (depuis 1898).
Gouvernement général de Madagascar. Bulletin Économique (depuis 1901).
Grandidier. Histoire Physique, Naturelle et Politique de Madagascar, 21 vol. depuis 1876.
Album Gervais-Courtellemont. Madagascar, etc. 1900.
Gautier. Madagascar. Essai de Géographie Physique. 1902.
de Cordemoy. Étude sur l'Ile de la Réunion. 1904.
Galliéni. Madagascar de 1896 à 1905, 2 vol. 1905.
Guide de l'Immigrant à Madagascar, 3 vol. 1906.
Lemoine. Études Géologiques dans le N. de Madagascar. 1906.

INDOCHINE

Gouvernement général de l'Indochine. Bulletin Économique (depuis 1898).
Doudart de Lagrée et Garnier. Voyage d'exploration en Indo-Chine (1866-68), 2 vol., 2 atlas. 1872-73.

Dutreuil de Rhins. Le Royaume d'Annam et les Annamites. 1879.
Harmand. L'Indo-Chine Française. 1887.
de Lanessan. L'Indo-Chine Française. 1888.
J. Ferry. Le Tonkin et la Mère-Patrie. 1890.
de Lanessan. La Colonisation Française en Indo-Chine. 1895.
Simon. Navigation du Mékong (C. R. de la S. de G. de Paris, 1896).
Mission Pavie. Géographie et Voyages. 10 vol., 1 atlas. 1898-1906.
Monnier. Le Tour d'Asie. Cochinchine, Annam, Tonkin. 1899.
Tournier. Notice sur le Laos français. 1900.
Aymonier. Le Cambodge, 3 vol. 1900-1904.
Album Gervais-Courtellemont. L'Indo-Chine. 1901.
Padaran [Brenier]. Les Possibilités Économiques de l'Indo-Chine. 1902.
de Barthélemy. Au Pays des Moï. 1903.
Castex. Les Rivages Indo-Chinois. 1904.
Guides Madrolle, 3 vol. 1904-1907.
Doumer. L'Indo-Chine Française. 1905.
Gaisman. L'OEuvre de la France au Tonkin. 1906.
Sion. Indo-Chine (Revue de Géographie, 1906-1907).

COLONIES D'OCÉANIE

Bernard. L'Archipel de la Nouvelle-Calédonie. 1895.
Lemire. L'Océanie Française. 1904.
Le Goupils. La Crise Coloniale en Nouvelle-Calédonie (La Science Sociale, 1905.)
Vallet. La Colonisation Française en Nouvelle-Calédonie. 1905.
Russier. Le Partage de l'Océanie. 1905.
Seurat. Tahiti et les Établissements Français de l'Océanie. 1906.

COLONIES D'AMÉRIQUE

Crevaux. Voyage d'Exploration à la Guyane. 1879.
Coudreau. La France Équinoxiale, 2 vol. 1887.
Lacroix. La Montagne Pelée et ses Éruptions. 1904.
Bordeaux. La Guyane Inconnue. 1906.

TABLE DES GRAVURES

1. Notre empire colonial. 13
2. L'Afrique du Nord : traits généraux de la structure physique. 19
3. L'Algérie. 21
4. Les plissements de l'Aurès, près d'Amentane. 26
5. La Tunisie. 28
6. L'oued Chiffa, à son entrée dans la Mitidja 33
7. Sentier bordé d'aloès, près d'Oran 35
8. Bois sacré d'oliviers, à Blida 36
9. Hammam Meskoutine : pétrifications 37
10. Campement d'Arabes nomades sur les Hauts-Plateaux . . . 43
11. Les populations de l'Algérie 45
12. Distribution de la population européenne en Algérie. . . . 46
13. Progrès de la population européenne en Algérie, depuis 1836. 48
14. Diminution de la mortalité européenne en Algérie de 1836 à 1901 49
15. Réseau ferré de l'Algérie-Tunisie. 58
16. Le commerce spécial de l'Algérie, depuis 1836. 65
17. Dans une rue de Tlemcen 70
18. L'agglomération algéroise. 73
19. Une ruelle de la Casba. 74
20. Panorama d'Alger 75
21. La transformation d'Alger : grande Mosquée et Palais consulaire. 76
22. Dans un village kabyle. 78
23. Bougie 80
24. Jour de marché à Sétif 82
25. Le ravin du Rummel 83
26. Village de l'Aurès central. 84
27. La coupure d'El Kantara, vue du Sud 85
28. Convoi de chameaux, dans les steppes 86
29. Commerce de la Tunisie, depuis 1890. 90
30. Le lac de Bizerte. 92
31. Zaghouan 93
32. Tunis et Carthage 94
33. Un carrefour de la ville indigène, à Tunis. 95
34. A Sousse. 96
35. Panorama de Kairouan. 97

36. Les zones de végétation en Afrique. 100
37. La désagrégation des roches, au Sahara 101
38. Dunes sahariennes. 102
39. Le relief du Sahara. 103
40. Carte des pluies en Afrique. 105
41. Zones d'égale amplitude des températures en Afrique 106
42. Une vallée saharienne de l'Aurès : l'oued el Abiod. 108
43. Sur les bords de l'oued Zousfana. 113
44. Ghardaïa. 114
45. Une rue dans l'oasis, à Biskra. 115
46. L'Afrique Occidentale et l'Afrique Équatoriale 121
47. Les lagunes de la côte d'Ivoire. 123
48. Le Niger en amont de Tombouctou. 125
49. Les chutes du Félou, sur le Sénégal. 127
50. Le lac Tchad 128
51. Acacia gommier, sur les confins du désert 130
52. Laveur d'or, dans la forêt équatoriale. 131
53. Village dans la forêt de la côte d'Ivoire. 140
54. Carte économique du Soudan et de la Guinée 145
55. Commerce de l'Afrique Occidentale et de l'Afrique équatoriale
    Françaises, depuis 1900. 147
56. Dakar 150
57. Conakry au début du xxᵉ siècle. 151
58. Sur les bords du Niger : un village sonrhaï. 153
59. Village à la lisière de la forêt équatoriale. 154
60. Une rue de Bondoukou. 155
61. Sur la lagune de Porto-Novo 156
62. Le commerce des deux Congos (Congo Belge et Afrique Équatoriale Française) depuis 1895. 158
63. Madagascar 163
64. La baie de Diégo-Suarez 164
65. La voie ferrée de Tananarive 170
66. Le canal des Pangalanes. 171
67. Rivière de la vallée de la Moriandro 172
68. Labourage à Madagascar. 173
69. Panorama de Fianarantsoa. 174
70. A Tuléar. 175
71. La Réunion. 176
72. Ravin et montagnes, à la Réunion 177
73. L'Indochine. 180
74. L'ancien golfe comblé par le Mékong 181
75. Dans la baie d'Along. 185
76. Courbes annuelles des pluies à Hanoï, Hué et Saïgon. . . . 187
77. Sur le fleuve Rouge, près d'Hanoï 189
78. Aréquiers, près d'Hanoï 191
79. Un banyan au Tonkin 192
80. Radeaux de bambous dans le Haut-Tonkin. 193
81. Éléphants porteurs dans les forêts du Laos. 196
82. Village tô 197
83. Les chemins de fer indochinois. 205
84. Croquis économique de l'Indochine française 206
85. Roue élévatoire pour l'irrigation dans le Haut-Tonkin 207
86. Labour de rizière, au Tonkin. 209

87. Mine de charbon à ciel ouvert, à Hon-Gay. 211
88. Commerce de l'Indochine française, depuis 1890. 212
89. Hanoï 216
90. Une rue européenne, à Hanoï. 217
91. Marché annamite à Hué 219
92. Une rue européenne, à Saïgon 221
93. La situation de Saïgon 222
94. La Côte Française des Somali 229
95. Une place de Djibouti 230
96. Les établissements Français de l'Inde. 231
97. Le territoire de Pondichéry 231
98. La Nouvelle-Calédonie 233
99. Pirogue canaque à balancier 234
100. Cases canaques, à la Nouvelle-Calédonie. 235
101. L'Océanie Française. 237
102. Tahitiennes. 238
103. Les Iles de la Société 239
104. La Guyane Française 240
105. A Cayenne. 241
106. La Martinique. 242
107. La Guadeloupe et ses dépendances 243
108. Saint-Pierre et Miquelon 245

TABLE DES MATIÈRES

Avant-propos.   i

CHAPITRE PREMIER
LA COLONISATION FRANÇAISE

L'histoire de la colonisation française. — Nos trois Empires. — Notre vocation coloniale. — L'apathie de la nation et des gouvernements. — La force des choses. — Pourquoi nous avons des colonies. — Terres de peuplement. — Les produits coloniaux. — Le marché colonial. — Variété de notre Empire colonial.   1

CHAPITRE II
L'AFRIQUE DU NORD : LE MILIEU PHYSIQUE

L'Afrique du Nord. — Histoire du sol. — Les roches. — Le relief algéro-tunisien. — L'Atlas Tellien : la chaîne littorale ; la dépression sublittorale ; la chaîne tellienne médiane ; la dépression médiane ; la chaîne tellienne intérieure. — Les Hauts-Plateaux algériens. — L'Atlas Saharien. — L'Atlas tunisien. — Le littoral algéro-tunisien. — Le climat de l'Afrique du Nord : le climat algérien ; le climat tunisien. — Les eaux courantes. — La végétation. — La faune. — Les minéraux utiles. — Valeur de l'Algérie-Tunisie   17

CHAPITRE III
L'AFRIQUE DU NORD : LES HABITANTS, L'ORGANISATION POLITIQUE

Coup d'œil historique. — La domination française.
Densité actuelle de la population. — Les indigènes : les Berbères ; les Arabes ; types ethniques et sociaux ; les Juifs.
Le développement de la colonisation algérienne. — Les éléments européens d'Algérie. — La vie politique de l'Algérie. — L'organisation administrative de l'Algérie.

Les conditions de la colonisation tunisienne. — Les éléments européens de Tunisie. — La vie politique et administrative de la Tunisie.
Importance du Maroc pour la France. — L'action française au Maroc 39

CHAPITRE IV
DÉVELOPPEMENT ÉCONOMIQUE DE L'ALGÉRIE

Les communications. — Le problème hydraulique. — L'aménagement agricole. — Les cultures du Tell. — L'élevage des Hauts-Plateaux. — La pêche. — Les mines et l'industrie. — Le mouvement commercial 57

CHAPITRE V
LES PRINCIPALES RÉGIONS DE L'ALGÉRIE

Le morcellement de l'Algérie. — La plaine d'Oran. — Les hautes plaines de l'Oranie. — L'Ouarsenis, la vallée du Chélif, le Sersou. — La plaine d'Alger. — Les hautes plaines de Médéa et d'Aumale. — Les Kabylies. — La plaine de Bône. — Les hautes plaines orientales. — La région de l'Aurès. — Les Hauts-Plateaux 67

CHAPITRE VI
DÉVELOPPEMENT ÉCONOMIQUE ET PRINCIPALES RÉGIONS DE LA TUNISIE

Les travaux publics. — La transformation agricole. — La pêche. — Les mines et l'industrie. — Le mouvement commercial.
La Kroumirie. — La plaine de Tunis. — Le Sahel tunisien. — Les steppes du Sud. 87

CHAPITRE VII
LE SAHARA

L'Afrique française.
Le Sahara. — Le sol. — Le relief. — Le littoral. — Le climat. Les eaux courantes. — Les végétaux. — La faune. — Les minéraux utiles. — Les habitants. — La pénétration française. — L'exploitation agricole. — Les principaux groupes d'oasis. — Le commerce 99

CHAPITRE VIII
L'AFRIQUE OCCIDENTALE ET L'AFRIQUE ÉQUATORIALE :
LE MILIEU PHYSIQUE

Les zones tropicale et équatoriale. — Le sol. — Le relief. — Le littoral. — Le climat. — Les eaux courantes : le Niger; le

Sénégal et les fleuves de Guinée ; le Tchad et le Chari ; le Congo. — La végétation. — La faune. — Les minéraux utiles 119

CHAPITRE IX

L'AFRIQUE OCCIDENTALE ET L'AFRIQUE ÉQUATORIALE : LES HABITANTS, LE DÉVELOPPEMENT ÉCONOMIQUE

Les habitants. — La pénétration française. — La main-d'œuvre indigène. — L'outillage économique. — Les voies navigables. — Les chemins de fer. — Le portage. — L'exploitation agricole et minière. — La pêche. — Le mouvement commercial. 135

CHAPITRE X

L'AFRIQUE OCCIDENTALE ET L'AFRIQUE ÉQUATORIALE : PRINCIPALES RÉGIONS

Le Sénégal. — La Guinée Française. — Les Pays du Niger. — La Côte d'Ivoire. — Le Dahomey. — Le Gabon. — Le Congo. — Le Chari 149

CHAPITRE XI

MADAGASCAR ET SES DÉPENDANCES

L'île de Madagascar. — Le sol et le relief. — Le littoral. — Le climat. — Les eaux courantes. — La végétation. — La faune. — Les minéraux utiles. — Les indigènes. — L'occupation française. — La colonisation. — L'outillage économique. — L'exploitation agricole. — L'exploitation minière. — Les villes. — Le mouvement commercial.
Les Comores. — La Réunion 161

CHAPITRE XII

L'INDOCHINE : LE MILIEU PHYSIQUE

L'Indochine Française. — Histoire du sol. — Les roches. — Le relief. — Le littoral. — Le climat. — Les eaux courantes : le Song-Koï ; le Mékong. — La végétation. — La faune. — Les minéraux utiles 179

CHAPITRE XIII

L'INDOCHINE : LES HABITANTS, LE DÉVELOPPEMENT ÉCONOMIQUE

Races et religions. — Les civilisations indochinoises. — L'occupation française. — La main-d'œuvre indigène. — L'outillage économique. — Les ports. — Les voies navigables. — Les chemins de fer. — L'exploitation agricole. — Les usines et l'industrie. — Le mouvement commercial 195

CHAPITRE XIV
GRANDES RÉGIONS DE L'INDOCHINE FRANÇAISE

Le Tonkin. — L'Annam. — La Cochinchine. — Le Cambodge.
— Le Laos.
La France en Extrême-Orient 215

CHAPITRE XV
NOS PETITES COLONIES : SOMALIE, INDE, OCÉANIE, AMÉRIQUE

La Somalie Française. — L'Inde Française. — Les Iles du Sud.
— La Nouvelle-Calédonie. — Les archipels polynésiens. — La
Guyane Française. — Les Antilles Françaises. — Saint-Pierre et
Miquelon. 229

CHAPITRE XVI
L'EMPIRE FRANÇAIS

Son étendue. — Sa valeur : l'Afrique du Nord ; l'Afrique noire ;
Madagascar ; l'Indochine. — Le terme de notre expansion coloniale. — L'œuvre économique. — L'avenir de la civilisation
française. 247

Principaux ouvrages a consulter 264

Table des gravures. 266

ÉVREUX, IMPRIMERIE CH. HÉRISSEY, PAUL HÉRISSEY, SUCC.

FÉLIX ALCAN, ÉDITEUR

EXTRAIT DU CATALOGUE

QUESTIONS COLONIALES — COLONISATION

BRUNACHE (P.). — **Le Centre de l'Afrique. Autour du Tchad.** 1 vol. in-8, avec figures. Cart. à l'angl. . . . . 6 fr.
CHALLAYE (F.). — **Le Congo français.** *La question internationale du Congo.* 1 vol. in-8. 5 fr.
CHEVANS (Henri), docteur en droit. — **La mise en valeur de l'Afrique occidentale française.** Préface de M. Chautemps, ancien ministre des Colonies. 1 vol. gr. in-8. . . . 6 fr.
COSTANTIN (J.), prof. au Muséum. — **La Nature tropicale.** 1 vol. in-8, avec gravures, cart. à l'angl. . . . . 6 fr.
DUVAL (J.). — **L'Algérie et les colonies françaises,** avec une notice biographique sur l'auteur, par J. Levasseur, de l'Institut. 1 vol. in-8 . . . . 7 fr. 50
GAFFAREL (P.), prof. à la Faculté d'Aix-Marseille. — **La politique coloniale en France de 1789 à 1830.** 1 vol. in-8. . . . . 7 fr.
— **Les Colonies françaises.** 6ᵉ édit. revue et augmentée. 1 vol. in-8 . . . . 5 fr.
GAISMAN (A.). — **L'œuvre de la France au Tonkin.** Préface de M. J.-L. de Lanessan, ancien gouverneur général de l'Indo-Chine. 1 vol. in-16, avec 4 cartes. . . . . . 3 fr. 50
HUBERT (L.), député. — **L'éveil d'un monde.** *L'œuvre de la France en Afrique occidentale.* 1 vol. in-16. . . . . 3 fr. 50
LANESSAN (J.-L. de), ancien ministre. — **Principes de colonisation.** 1 vol. in-8, cart. à l'angl . . . . 6 fr.
— **L'Indo-Chine française.** Étude économique, politique et administrative. 1 vol. in-8, avec 5 cartes en couleurs hors texte. . . . . 15 fr.
— **Les Missions et leur protectorat.** 1 vol. in-16. . . . . 3 fr. 50
LANNOY (Ch. de) et VAN DER LINDEN. **Histoire de l'expansion coloniale des peuples européens.** Portugal et Espagne (jusqu'au début du XIXᵉ siècle). 1 vol. in-8. . 8 fr.
LAPIE (P.), professeur à l'Université de Bordeaux. — **Les Civilisations tunisiennes** (Musulmans, Israélites, Européens). 1 vol. in-16 (*Couronné par l'Académie française*). . . 3 fr. 50
LEBEAU (A.). — **De la condition des gens de couleurs libres sous l'ancien régime** (d'après les archives coloniales). 1 vol. in-8. . . . . 4 fr.
LEROY-BEAULIEU (P.), de l'Institut. — **De la colonisation chez les peuples modernes.** 6ᵉ édition remaniée et augmentée. 2 vol. in-8. . . . . 20 fr.
— **L'Algérie et la Tunisie.** 2ᵉ édition. 1 vol. in-8. . . . . 9 fr.
— **Le Sahara, le Soudan et les chemins de fer Transsahariens.** 1 vol. in-8 avec une carte. 3 fr.
MÉTIN (Albert), professeur à l'École coloniale. — **La Transformation de l'Egypte.** 1 vol. in-16 (*Cour. par la Soc. de géogr. commerciale*) . . . . 3 fr. 50
PIOLET (J.-B.). — **La France hors de France,** notre émigration, sa nécessité, ses conditions. 1 vol. in-8. (*Couronné par l'Institut*). . . . . 10 fr.
MONTEIL (L.-Cˡ). — **De Saint-Louis à Tripoli, par le lac Tchad.** 1 beau vol. in-8 colombier, précédé d'une préface de M. de Vogüé, de l'Académie française, illustrations de Riou (*Ouvrage couronné par l'Académie française. Prix Montyon*), broché, 20 fr. — Relié amateur. 28 fr.
PIRIOU (E.), agrégé de l'Université. — **L'Inde contemporaine et le mouvement national.** 1 vol. in-16 . . . . 3 fr. 50
Questions actuelles de politique étrangère en Asie, par MM. le Bᵒⁿ de Courcel, P. Deschanel, P. Doumer, E. Etienne, le Général Lebon, Victor Bérard, R. de Caix, M. Revon, Jean Rodes, Dʳ Rouire. 1 vol. in-16, avec 4 cartes hors texte. . . . . 3 fr. 50
SAUSSURE (L. de). — **Psychologie de la colonisation française.** 1 vol. in-12. . 3 fr. 50
SCHEFER (C.), professeur à l'École des sciences politiques. — **La France moderne et le problème colonial.** I. (1815-1830). Les traditions et les idées nouvelles. La réorganisation administrative. La reprise de l'expansion. 1 vol. in-8. . . . . 7 fr.
TARDIEU (A.), secrétaire honoraire d'ambassade. — **La Conférence d'Algésiras.** *Histoire diplomatique de la crise marocaine (15 janvier-7 avril 1906).* 3ᵉ édit. revue et augmentée d'un appendice sur *Le Maroc après la Conférence (1906-1909)*. 1 vol. in-8. . . . . . . 8 fr.
— **Questions diplomatiques de l'année 1904.** 1 vol. in-16 (*Ouvrage couronné par l'Académie française.*) . . . . 3 fr. 50
VIDAL DE LA BLACHE (P.), professeur à la Sorbonne. — **La Rivière Vincent-Pinzon.** *Etude sur la cartographie de la Guyane.* 1 vol. gr. in-8 avec cartes dans le texte et hors texte. 6 fr.
La Vie politique dans les Deux Mondes. Publiée sous la direction de M. A. Viallate, professeur à l'École des Sciences politiques, avec la collaboration de professeurs et d'anciens élèves de l'École.
1ʳᵉ année, 1906-1907. 1 fort vol. in-8 . . . . 10 fr.
2ᵉ année, 1907-1908. 1 fort vol. in-8 . . . . 10 fr.
3ᵉ année, 1908-1909. 1 fort vol. in-8 . . . . 10 fr.
VIGNON (L.), professeur à l'École coloniale. — **La France dans l'Afrique du Nord.** 2ᵉ édition. 1 vol. in-8 (*Récompensé par l'Institut*) . . . . 7 fr.
— **Expansion de la France.** 1 vol. in-18 . . . . 3 fr. 50
— **Le Même.** Edition in-8 . . . . 7 fr.
WAHL (M.), inspecteur général . . . . **L'Algérie.** 5ᵉ édit. mise à jour, par A. . . . . in-8. . . . 5 fr.

Busson, Henri - Hauser, Henri - Fevre,
Notre empire colonial

www.ingramcontent.com/pod-product-compliance
Lightning Source LLC
Chambersburg PA
CBHW050648170426
43200CB00008B/1206